小学语文教师书林

低年级阅读这样教

统编教材

曹爱卫　／著

上海教育出版社
SHANGHAI EDUCATIONAL
PUBLISHING HOUSE

目 录

上篇　低年级"智趣"阅读教学理论探索

第一章　低年级阅读教学要有"智"有"趣" / 2
为什么要打造低年级"智趣"阅读课堂 / 2
低年级"智趣"阅读教学速写 / 6

第二章　低年级"智趣"阅读教学内容的选择 / 9
学生在课堂中需要学习的内容 / 9
低年级"智趣"阅读教学内容的选取 / 10

第三章　低年级"智趣"阅读教学目标的制订 / 20
阅读教学目标编写的问题分析 / 20
低年级"智趣"阅读教学目标的编写 / 24

第四章　低年级"智趣"阅读教学的设计与实施 / 30
低年级"智趣"阅读学习活动设计的特点、原则及路径 / 30
低年级"智趣"阅读教学设计策略 / 38
指向思维发展的低年级阅读教学设计 / 45
指向理解的提问 / 53
要素相同　教法不同——以统编教材二年级下册"讲故事"为例 / 61
文体相同　教法不同——以低中年级古诗教学为例 / 68

第五章 低年级"智趣"阅读教学的练习与评价 / 76

  指向语言理解运用的课堂练习设计 / 76

  低年级复习阶段的作业设计 / 84

  活动化学评案例——杭州市长寿桥小学一年级非纸质学评方案 / 92

  低年级语文教学质量监测样卷 / 96

第六章 低年级"智趣"阅读教学环境建设 / 100

  低年级"智趣"阅读教学需要怎样的环境 / 100

下篇 低年级"智趣"阅读教学实践探索

《秋天》教学实录 / 106

《乌鸦喝水》教学实录 / 117

《树和喜鹊》教学实录 / 127

《小壁虎借尾巴》教学实录 / 138

《狐假虎威》课堂实录 / 152

《村居》教学实录 / 166

《找春天》教学实录 / 177

《揠苗助长》教学实录 / 187

《雷雨》教学实录 / 199

《祖先的摇篮》教学实录 / 209

后记 / 219

参考文献 / 222

序

有智有趣的低年级阅读教学

2016年秋,浙江率先使用教育部统编小学语文教科书(简称"统编教材")。2017年秋,全国正式全面使用,进而带动了新一轮语文教学研究的热潮。

曹爱卫老师作为"浙江小语"团队的中坚,全程投入了统编教材的试教试用,两度参与了一年级、二年级教师教学用书的编写,对新版统编教材的编写理念有着深刻的理解。又因她长期从事低年级语文教学与研究,积累了丰富的教学经验,形成了自己的教学主张:低年级阅读教学要"有智有趣"。

"智",即通过阅读教学,发展儿童的言语智能;"趣",即设计多样有趣的学习活动,召唤儿童积极投入到学习中,体验语文学习的乐趣。她倡导的"有智有趣"的语文课堂,立足低年级统编语文教材,智慧地整合学习内容,解决"学什么"的问题;智慧地设计多样有趣的学习活动,解决"怎么学"的问题;通过目标引导、言语互动等方式引发儿童持久的学习动力,解决"为什么学"的问题。"有智有趣"的课堂,让学生在自主、平等、互动的学习进程中感受语文学习的乐趣,发展思维能力,激发对祖国语言文字的追求与向往。

可以说,"智趣"语文教学主张,是爱卫老师为低年级阅读教学描绘的充满个性与魅力的蓝图。美好的愿景,需要落地。爱卫老师仰望星空,脚踏实地,把自己对低年级阅读教学的理性思考,在课堂里不断地实践,又根据实践的情况,不断调整、完善。从2016年至今，五年时间里，她思考、研究、实践，从未停步……继《低年级语文这样教》之后，而今《低年级阅读这样教》正式付梓，低年级"智趣"语文硕果累累。

拿到书稿，细细阅读，我感慨她的执着努力，更感佩于其思考力和践行力。

《低年级阅读这样教》分上篇、下篇，上篇是理论探索，下篇是课堂实践。上篇，先阐述了低年级阅读教学为什么要有"智"有"趣"，勾勒了低年级"智趣"阅读教学速写图样，让读者大致了解整本书的架构和内容。在此基础上，爱卫老师重点分析低年级"智趣"阅读教学内容的选择、教学目标的编写、教学方案的设计、课堂教学的实施以及练习与评价的落实。可以说，每一部分对一线的老师都有启示和帮助。如教学目标的编写，爱卫老师强调，"智趣"阅读教学的目标要按照内部心理模式和外部行为表现相统一的方式来编写，根据预期学习结果来表述，让教学目标真正成为指引学习活动的路标。在语言表述上，要更有利于教学方法的选择、更有利于监控学习过程、更有利于教学材料提供；在内容呈现上，要比一般阅读教学目标更能有效地体现"教—学—评"的一致性，有利于评估学习结果、更关注较高水平的学习结果等，都为一线老师科学、准确地指定教学目标提供了路径和方法。

课程改革的不断深入，撬动学习方式的转变——让学生真正成为学习的主人。爱卫老师以设计有趣又有效的学习活动为抓手，让阅读教学充满智慧的挑战、协同学习的经历以及对真实问题解决的体验。其"智趣"阅读学习活动的设计极具特色：学习活动是学生主体阅读的过程；每个学习活动是相对独立又有连续；学习活动注重内部心理活动和外部行为相结合，遵循目标导向、内容匹配、形式有趣、全员参与四大原则。针对不同的学习内容和学习目标，开发了"操作性学习活动""体验性学习活动""想象性学习活动""创编性学习活动"等多种学习活动设计路径，实现学习方式转变，让学生从被动学习走向主动学习、从浅层学习走向深度学习，最终走向真实的阅读生活应用。

此外，爱卫老师还就老师们容易忽略的教学环境建设专设章节进行论述。她认为低年级"智趣"阅读教学环境应从"物理环境"和"人文环境"两个方面着手建设，难能可贵，值得借鉴。

下篇，爱卫老师就统编教材的课内阅读，选取了10个经典案例，做成实录和大家分享她的实践经验。这10个案例，几乎涵盖了低年级教材里的所有文体：有小散文《秋天》，有童话故事《乌鸦喝水》，有寓言故事《狐假虎威》，有古诗《村居》，也有儿童诗《祖先的摇篮》……教学实录，课堂写真，鲜活生动，呈现丰富的低年级阅读课型样态。阅读这些课例，可以从中管窥"智趣"语文在课堂里的蓬勃生命力，还可以实现从一篇到一类课文的学教迁移。

虚长几岁，忝为师兄。喜看同门师妹从一线教学到教学管理，再到教学研究，一心挚爱语文，如精卫之执着，专业发展日积月累，蒸蒸日上。真心为爱卫取得的成绩而高兴，也愿她在小学语文教学与研究的道路上越走越顺畅。

滕春友

辛丑年惊蛰时节，于杭州午潮山居

（作者系特级教师、浙江省教育厅教研室副主任）

上篇

低年级"智趣"阅读教学理论探索

第一章　低年级阅读教学要有"智"有"趣"

为什么要打造低年级"智趣"阅读课堂

2017年秋季，统编小学语文教材在全国正式使用。相比原人教版教材，统编教材阅读课文数量减少了，阅读理念更新了，语文要素明确了。新教材的课文后面，"识字写字""流畅朗读""学习阅读""积累运用语言"等低年级阅读教学核心任务都用练习的形式清清楚楚地列出来了。但不少老师教学时，往往会简单地把各个板块内容在课堂内按部就班分块落实，导致课堂偏重知识技能的训练，教学并没有彰显出蓬勃的生命力。

统编教材阅读教学需要系统研究

课程改革虽然不断地向深处推进，但是低年级语文教学却改变甚微。具体表现在以下几个方面：一是模式化教学现象严重。日常阅读课堂的教学流程基本是"揭示课题，导入新课"——"朗读课文，整体感知"——"集中呈现，识记生字"——"讲读课文，理解语言"——"观察指导，学写汉字"，学生对语言学习缺乏好奇和向往。二是碎片化现象严重。生字识记、流畅朗读练习、阅读策略的学习等都是割裂、零散地教授，限制对学生思维的发展。三是学习成效低下。有些初入学的儿童，对学习本来充满着热情和渴望，但往往两年学习下来，远没有原先的那种热情和兴趣，有的甚至出现了厌学。基于此，我们认为，低年级阅读课堂教学需设计有趣的学习活动，让学生在自主、互动的学习进程中感受语文学习快乐，产生对优雅生动语言的向往之情。

当下低年级阅读教学现状需要改变

21世纪是"知识社会"的时代，知识的习得与再现不分男女老少皆可唾手可得。因而，发达国家的教育目标出现在学科的知识技能之上，明确学科教育固有的本质特征的动向，强调以"高阶认知能力""社会技能""人格特征和态度"等多维度融合的核心素养。钟启泉先生认为："核心素养"的核心既不是单纯的知识技能，也不是单纯的兴趣、动机、态度，而在于运用知识技能，解决现实课题所必需的思考力、判断力、表达力及其人格品性。显见，在小学语文课堂上，"语文的核心素养"亦可以从以下三个方面来定位：一是语文知识与技能；二是语文学习的兴趣、动机、态度；三是运用语文知识与技能来解决现实的问题。就"阅读"来说，其核心素养主要体现在：能比较熟练地达到字词解码，即能认识字并能流畅地朗读；理解文本语言的意思，构建属于自己的文本意义；喜欢阅读，在阅读中丰富知识、滋养精神；能利用书面文本，达成自己的目标，发展自己的知识与可能性，有效地实现社会参与。

当今基础教育改革课堂需要转型

不管是教材要求、学生学习需求还是课堂改革的要求，都在警醒老师：低年级阅读课堂，不能囿于传统，要有新的变革和突破。

反观现实的小学阅读课堂，又有多大的改观呢？我们走进一节日常的低年级阅读课堂，从中可见一斑。

这是某校一位青年骨干教师执教的一年级阅读家常课《妈妈睡了》第一课时，分四个板块展开。

第一板块：话题导入，揭示课题。教学环节如下：

1. 回顾绘本故事《我妈妈》，交流学生记录的妈妈爱自己的事情。

2. 美美地夸夸自己的妈妈。

3. 揭示课题，板书课题，请一生读。

第二板块：初读课文，整体感知。教学环节如下：

1. 回忆自己小时候，妈妈是怎么哄着睡觉的，学习"哄"字。

2. 睡着的妈妈是怎样的呢？学生自由读第2～4自然段。

3. 识记生字。（借助微课识记"闭、沙、等、紧"）

4. 读难读的句子：她乌黑的头发粘在微微渗出汗珠的额头上。

第三板块：精读课文，品词析句。教学环节如下：

1. 师生合作读。教师读第2～4自然段的第一句，学生读其他。

2. 精读第2自然段。

（1）请学生个别读课文。

（2）用课文中的词语夸一夸妈妈的眼睛、眉毛和脸。

（3）把第2自然段的课文排列成诗歌的样子。配乐读。

（4）课文中的妈妈好温柔，从哪里看出来呢？读给同桌听。

3. 想象梦中睡的妈妈还会想到什么呢？

出示句式说话：好像在睡梦中，妈妈又想好了（　　　），等会儿（　　　）。

第四板块：观察指导，学写汉字。教学环节如下：

1. 出示"哄、脸、沉"三个生字，引导学生观察，指导发现这些字左窄右宽的特点。

2. 教师范写"脸",把"横"用蓝色标出。

3. 练习书写,反馈评价。

这样的低年级阅读课堂并非个案,可以说是一种常态。教学仍驻足在语文知识和技能的教授层面,但对学生语文学习的兴趣、动机、态度以及运用语文知识与技能来解决现实的问题缺乏关注。而且即便是知识技能的教授,也存在不少问题,如:

学习目标不够聚焦。虽然说低年级的阅读是起步阅读,要关注到方方面面,但这毕竟是阅读课,要做的是和阅读能力提升相关的事。就教材阅读来看,低年级阅读教学,重点要做好"识字写字""流畅朗读""学习阅读""积累运用语言"四件事情。分散在每一课的每一课时中,这四个方面的内容就要有所侧重。显然,本课的安排样样都想抓,样样都抓得不够落实。

学习内容不够整合。低年级阅读教学涉及的内容多,所以更需强调整合,如此方能避免枯燥机械的训练,让学习过程富有挑战。比如识字,就应该和阅读整合在一起,强调"在识字中阅读,在阅读中识字",识字促进阅读理解,阅读理解又帮助生字识记巩固。本课的教学内容基本是单一呈现,很少体现整合。

学习方法不够灵活。对低年级学生来说,单一或模式化的教学方法,很容易让学生产生厌倦。根据不同的学习内容,灵活采用学习方式,让学习像探险一样新奇刺激,每一个学习环节都充满诱惑,学习的效果才能达到最佳。上面案例,无论是生字学习、阅读理解还是写字教学,都显得呆板无趣。如此设计,学生只会把学习当成不得不完成的义务,没有热爱也就没有倾情投入。

学习过程不够开放。阅读,说到底是很个性的。每个人的阅读速度、阅读理解、阅读感受等都不一样。阅读教学的过程,应该为学生提供开放的空间,用大问题、大情境等召唤学生进入文本,和文本进行对话。细读以上教学过程,则以小问题、小段落的教学为主。这样的课堂,学生只能亦步亦趋跟在老师后面,揣摩老师问题的答案,而非真正地阅读。

这样的课堂，显然不是我们期待的低年级阅读课堂应有的样子。著名爱尔兰诗人叶芝说："所谓学习，并不是往头脑里灌输知识，而是在心中燃起一盏明灯。"因而，我们提出打造低年级"智趣"阅读课堂，期待点亮学生心中的那盏学习明灯。

低年级"智趣"阅读教学速写

低年级"智趣"阅读教学到底是怎样的呢？

低年级"智趣"阅读教学，即立足统编低年级语文教材，五"智"并举，融"趣"其中，促进低年级儿童言语智能的发展。

"五'智'并举"是在语言学习过程中发展儿童的言语智能为旨归。具体表现为：依据课标、学情等智慧地整合学习内容；根据预期的学生学习结果来编写学习目标；依照学生的学习心理和学习能力，设计多样有趣的学习活动，凭借言语互动等方式引发儿童持久的学习动力，引领学习过程；通过多样化、全过程的评价，推动持续有效阅读；精心建设学习环境，打造安全、舒适的阅读课堂。

"融'趣'其中"是以吸引儿童全身心参与学习为旨归。具体表现为：每一个环节的设计都充分考虑学生的学习心理和学习需求，以能吸引、召唤学生全心投入学习，对学习充满兴趣为追求，最终实现学生在自主、互动的学习进程中感受语文学习的乐趣，促进其听、说、读、写、思各项言语智能的发展，实现精神成长。

用框架图表示如下：

低年级"智趣"阅读教学内容的选取,重点考虑"教学内容的多样性"和"与学生经验的关联性"。内容选取的时候,要关注教材对教师提出的要求、课改对教师提出的要求,要站在课标的高度考查教材、站在学段的宽度考察语文要素、站在学生的角度考量教学内容。低年级"智趣"阅读教学内容选取的策略主要有:深入解读教材、把核心知识情境化、让学习内容多样化等。

低年级"智趣"阅读教学目标的编写,依据目标分类学理论,遵循"从简单到复杂考虑目标的递进性""从局部到全面考虑目标的完整性"这两大原则。与一般阅读教学目标在表述方式和呈现内容上有着明显差异。表述方式上的差异有:"智趣"阅读教学目标比一般阅读教学目标表述更有利于教学方法的选择、更有利于监控学习过程、更有利于教学材料提供。呈现内容上的差异有:"智趣"阅读教学目标比一般阅读教学目标更能有效地体现"教—学—评"的一致性,有利于评估学习结果,更关注较高水平的学习结果。

低年级"智趣"阅读教学设计与实施,因学习内容和学习目标不同,学习活动设计的路径也有所不同,主要可从操作性学习活动、体验性学习活动、想象性学习活动等不同维度去设计。学习活动设计的策略主要有:教学内容体系化、教学环节问题化、教学活动操作化、教学设计板块化等。低年级"智趣"阅读教学的设计和实施,还要重视发展儿童的思维、提问的设计要指向理解、要关注不同的年级文体相同教法不同、要素相同教法不同。

低年级"智趣"阅读教学的练习与评价,提出课堂练习设计指向语言理解运用,复习阶段的练习与评价,要强调提升思维、强化实践,注重语言的迁移和运用。

低年级"智趣"阅读教学课堂环境的建设,要重视"物理环境"和"人文环境"两个方面,不可偏废一面。

第二章　低年级"智趣"阅读教学内容的选择

学生在课堂中需要学习的内容

在讨论低年级"智趣"阅读课堂内容选取之前，必须先思考学生在课堂里究竟需要学习的是什么。

我国现阶段的小学教育，除了国家课程规定的语文、数学、英语、道德与法治、科学、体育、美术、音乐、信息技术等学科之外，还有地方课程和校本课程的学习。

不管什么学科的知识，从知识类型角度，可以分为陈述性知识和程序性知识两大类。

陈述性知识是"知道是什么"的知识，是对一些事物的了解，主要有事实、概念和原理三大类。比如，知道律诗的特点是陈述性知识；能解释什么是蛙泳，也是陈述性知识。

程序性知识是"知道怎么做"的知识，是指知道如何做这些事，知道使用什么方法、步骤、过程、策略或具体技能等。比如，能根据律诗特点来创作，是程序性知识；能根据蛙泳的动作要领进行游泳，是程序性知识。

显然，这两种知识都很重要。正如美国凯·M.普斯顿和卡娜·L.纳尔逊在

《有效教学设计——帮助每个学生都获得成功》一书中所言：这两种知识相互关联，通常情况下，一个人在运用某种知识前，必须先了解其基本原理。例如，学生在运用阅读理解的策略前，需要知道该策略的各个步骤。

低年级"智趣"阅读课堂的学习内容，也离不开这两种知识的学习。从陈述性知识到程序性知识之间的转化过程，称之为"迁移"。我们深知，任何一种学习都要受到学习者已有知识经验、技能、态度等的影响。只要有学习，就有迁移。迁移是学习的继续和巩固，又是提高和深化学习的条件，学习与迁移不可分割。

此外，我们在课堂阅读教学内容选取的时候，还要充分考虑以下两点：

一、教学内容的多样性。若能根据低年级学生的学习心理、同一知识点和技能点，在内容选取、载体选择等方面做到多样性，则会让教学更富吸引力。

二、与学生经验的关联性。低年级学生是很感性的。教学内容与学生的生活经验、阅读经验等联系紧密，则有利于他们理解。

低年级"智趣"阅读教学内容的选取

一、强调"智趣"阅读教学内容选取的缘由

（一）教材对教师提出的要求

阅读教学，不像识字和口语交际等的教学，有着较为明确的内容、目标和要求。事实上，当下低年级语文阅读教学的现状是：很多老师面对一篇课文（一个文本），很难做到胸中有目标，心中有学生，既能"瞻前"，又能"顾后"，在教学目标的定位、内容的选取上较难尽如人意。所以，低年级语文阅读教学"碎（课堂小

问题多,细细碎碎)、烦(话语翻来覆去,生怕学生听不懂)、慢(教学进度慢,效益不高)、倦(学生学习劲头不足,易倦怠)"的现状并未得到较好的改变。

统编教材为了更好地服务于教学,按单元详细地列出了语文要素,也就是对"教什么"比较明确地进行系统安排。但每篇课文具体教什么,还需教师立足《义务教育语文课程标准》(2011版),结合学生实际情况,围绕"单元语文要素"进行合理选择和安排。

如统编小学语文一年级下册教科书,除去两个识字单元,共有六个阅读单元,根据"人文主题"和"语文要素",编排如下:

单元	人文主题	语文要素
第二单元	心愿	找出课文中明显的信息。
第三单元	伙伴	联系上下文了解词语的意思。
第四单元	家人	读好长句子。
第六单元	夏天	联系生活实际了解词语的意思。
第七单元	好习惯	1.读出疑问句和感叹句的语气; 2.根据课文信息作简单推断。
第八单元	问号	1.借助图画阅读; 2.读出祈使句的语气,分角色读好课文。

但这样的要素罗列,若教师对课标把握准确,对学生足够了解,并有足够的能力围绕核心要素组织教学内容,那么其教学就能较好地为目标服务,为学生发展服务。反之,则依然令人担忧。

(二)课改对教师提出的要求

自2016年"学科核心素养"概念的提出,学科教学已从"知识时代"走向"素养时代",教学将不再局限于知识传授,要指向为学生未来的发展锻造必备品格,发展核心能力。

针对语文教学的转型,吴忠豪教授早就提出"教什么比怎么教更重要"的观点。

在"素养时代",低年级语文阅读教学的内容相比以往,又该有哪些调整和改变呢?

2016年,"普通高中各学科核心素养"讨论稿出台。其中,普通高中语文核心素养包括:语言建构与运用、思维发展与提升、审美鉴赏与创造、文化传承与理解。前两者,应是小学语文学科落实核心素养的重点。随后,人教社主编陈先云先生从"语言理解能力、语言运用能力、思维能力、初步审美能力"四个维度列出了小学语文核心素养清单。不过,这份清单仍不能普遍适用于低年级学生。

小学低年级的阅读教学,处于阅读的起步阶段。综观《义务教育语文课程标准》(2011版)各阶段目标,立足语文学科核心素养的四个维度,相比其他年段,低年级阅读教学的核心素养应指向:"阅读兴趣的激发""阅读习惯的培养""流畅朗读的练习""基本的阅读方法和策略的学习""鼓励自主思考和个性表达"等。

如何围绕以上低年级阅读教学的核心要素,对教材进行合理开发和利用,选取适切的内容开展课堂教学,成了新时期摆在我们面前的一个新命题。

二、低年级"智趣"阅读教学内容选取的基本原则

当下,有些知名儿童阅读推广人对教材不屑一顾,大量引入自选文本,此举甚为鲁莽。教材中的语文知识、语文技能等都是成体系螺旋上升的。轻视或无视教材,草率对待,只会割断教材完整的体系链,教学容易产生"脚踩西瓜皮,滑到哪里是哪里"的失控状态。任何一门学科的教材,都会有其不足之处。作为教师,需要做的是用增补、调换、重组等方式,促进其完善。

低年级阅读教学内容的选取,需立足核心素养,尊重教材,遵循以下原则:

(一)站在课程标准的高度考查教材

《义务教育语文课程标准》(2011版)规定了义务教育阶段语文学科课程的目标和内容,是语文教学的纲。教材是落实课程标准的载体。纲不能随便动,载体却可根据教学实际编制调整,因而才会有各种版本的教材。

作为教师，拿到教材，万不可当"圣经"看，而要审读、慎读、深读教材，全面考查教材是否体现和执行了课程标准，评估对课程标准相关内容执行得如何等。教师必须在充分尊重教材的前提下，对教材内容有准确的理解和把握，才谈得上对教材内容的适切选取和运用。

（二）站在学段的宽度考察语文要素

语文要素在教材里不是孤立的。应该把它放在整个学段的坐标中去考察，这样才能准确理解和把握有关教学内容的课程价值，以及它在整个课程内容中的地位，并对应评估学生目前必须掌握的程度。

在考察语文要素时，需加强整体思考，务必做到"上勾下连"，厘清上位的核心素养、课程标准、教学目标与下位的单元目标、课时目标之间的逻辑关系。

如统编一年级上下册中关于"朗读课文""学习阅读"这两个核心素养的内容，教材要求分别如下：

核心素养	年段对应课程目标	统编一年级上册要求	统编一年级下册要求
流畅朗读	学习用普通话正确、流利、有感情地朗读课文。学习默读。	读准字音。	读好感叹句。
		读好句子间的停顿。	读好长句子。
		分角色朗读课文。	读出疑问句、感叹句和祈使句的语气。
			分角色朗读课文。
学习阅读	结合上下文和生活实际了解课文中词句的意思，在阅读中积累词语。借助读物中的图画阅读。	找出课文中明显的信息。	找出课文中明显的信息。
			根据课文信息作简单推断。
		学习借助图画阅读课文。	借助图画阅读课文。
			联系上下文和生活实际了解词语的意思。

流畅朗读是第一学段阅读教学的重要内容，一年级上册是学习朗读，着力在

"读正确、读流利",即"读准字音、不读破句、不唱读"。流畅朗读的技能,不可能在一年级第一个学期中完全达成。后续几个学期的学习,是在原有基础上的提升。如表格内容所示,一年级下册要求重点练习读好长句子,读出不同句子的情感色彩,并学习在具体的语境中读出角色的不同语气。

学习阅读亦是如此。一年级上册重在"找出课文中明显的信息""学习借助图画阅读"。到了一年级下册,在"找出课文中明显信息"的基础上,训练"根据信息作简单的推断"的能力,发展学生的逻辑思维能力。一年级上册"学习借助图画阅读课文",到了一年级下册,前面的"学习"没有了,要求学生"借助图画阅读课文",并"联系上下文和生活实际了解词语的意思"。

教师要关注到这种前后内容的关联性,控制单元教学的边界,以防盲目地甚至错误地理解"创造性使用教材",重复或随意增加教学内容,稀释教学重点,偏离教学中心。

(三)站在学生的角度考量教学内容

教学是为学生发展服务的,一旦脱离对学生学习能力的考量,再好的内容也起不到应有的作用。如学习内容的难度长期远远超越学生现有的学习能力,学生会产生"习得性无助"——认为自己很笨,怎么学都学不会。若学习内容的难度长期滞后于学生现有的学习能力,则会抑制学生智能的发展,错失教育良机。

站在学生角度考量教学内容,可以从两个方面去思考:一是从学生现有学习能力的角度组合教材,在处理教材时不搞"一刀切",教学中多给学生选择的机会,也可根据学生学习需要,随机提供"小贴士""小资料袋"等,供他们学习时查阅参考,帮助理解;二是从学生未来发展的角度选取教材,在核心素养理念下,我们要引导学生通过具体的文本、鲜活的语言文字,在自主学习的过程中,关注母语的特点,提升对母语特点感受的敏锐性,激发其爱国情怀,增强对民族文化的自信。每一个知识,每一篇文章,都要进行综合考虑,切忌把语文知识和语文要素分解开来,作单纯的技术训练。

三、低年级"智趣"阅读教学内容选取的策略

(一) 深入解读教材

随着"课改"的深化,"知识中心"转向"能力(素养)中心",学科教学要着力培养学生形成高于"学科知识"的"学科素养"。对于教学来说,教材是重要的载体。教材解读不到位,知识落实就会不到位,学科素养落实就更难到位。深入解读教材,是保证学科知识、学科素养落地的关键,也是选取教学内容的重要前提。

这个"深入解读",不仅指读课文本身,还要深入解读文本教材的助读系统,如穿插在文中的"泡泡提示";课后的识字表、写字表、练一练、想一想、做一做;语文园地里与本课教学内容对应的板块练习等。只有深入解读教材,才能准确理解编写意图,充分挖掘教材中隐含的教育资源,教学内容的选取也才能达到最科学。

1. 要建立单元整组意识

一个单元语文要素的编排,不会在单元的每篇课文中——提及,那样,教材编写就会显得臃肿繁琐。在教学内容的选取时,需要教师建立单元整组意识,重点思考:单元语文要素体现在每篇课文哪些地方,是怎样体现的,前后之间的联系是什么,教学时可以通过哪些内容来实现。如一年级下册第三单元的语文要素"联系上下文了解词语的意思",教材中只在单元第2课《树和喜鹊》中提出要求:读了第1自然段,我知道了"孤单"的意思。这并不意味着在这一课会用联系上下文了解词语的意思就可以了,而是要把这种方法一以贯之,解决阅读中不理解的词语。如第7课《怎么都快乐》中的"独自、更有劲"等词语,都可以结合上下文,在具体语境中来理解。

2. 要落实核心语文要素

老师一定要吃透本单元的所有文本,通观全局,重组教材内相关资源。如一年级下册第五单元语文园地的"字词句运用"里有一题是"读一读,照样子说一说",就是以"小白兔割草"为例,把句子从"谁干什么"扩展到"谁在哪里干什

么",再扩展到"谁怎样地在哪里干什么"。这种语言运用能力的练习,在课文《要下雨了》学习时,就可结合"找出课文中明显信息",进行渗透教学。教师要立足语文要素,做好教学内容层级上的把握。

3. 要建构知识技能体系

识字写字是低年级阅读教学很重要的内容。每篇阅读课文,都要承担十多个生字的识字任务。这十多个生字,该怎么记?教学时是否平均用力?很多一线老师习惯用"加一加""减一减""换一换"等概念性的方法机械识记。但会解读教材的老师,能从总体上分析本课生字的特点或难点,特别关注带新偏旁的生字,选取带新偏旁的生字作为本课识字教学的重点,把偏旁表示的意思、汉字组合的原因、生活中的应用等纳入教学,组成一张知识网,帮助学生建构这个汉字的知识体系。

当然,深入解读教材的方法还有很多,如通过不同版本教材的对比阅读、对作品创作的背景解读、对作家同类型作品的比较阅读等。这些都有助于对教材整体把握,有助于教学内容的合理选择,我们要吸纳并尝试。

(二)把核心知识情境化

低年级儿童的思维仍以形象思维为主。书面语言传递的信息,对于他们来说,还是"抽象"的,较难理解的。只有把"抽象知识"转化成"具体情境",才易于儿童接受。因而,在教学内容选取时,那些能统领全文学习且利于情境化教学的知识点,一定要抓住并充分展开。

1. 利于身临其境的内容

处在学习阅读阶段的低年级儿童,文本和自己之间,是有距离的,他们还不能通过自主阅读很好地进入文字描绘的世界里。教师通过创设情境,召唤他们进入文本,达成对语言的理解。统编一年级下册第八单元《咕咚》一课,小兔子听到木瓜掉进湖里的"咕咚"声,吓了一跳,顾不上细瞧,"拔腿就跑"。小猴子听到小兔子的叫声,就"跟着跑起来"。狐狸、山羊、小鹿听到小猴子的叫声,也"一个跟着一个跑起来"。这个频频出现的"跑",就是把学生带入故事情境的关键。教师可通过引导学生观察图画,再通过表演活化画面,在表演中体会每个动物的心理:兔子是没了解真相,自己吓自己才跑的;小猴子和其他小动物是听了别人的话,没思考没了解,盲目跟着瞎跑的。抓住了"跑",不但理解了内容,还领悟了内涵。

2. 利于联结生活的内容

知识与儿童的生命和情感产生脱节,就成了消极知识,无法为学生的精神成长提供养分。知识只有与儿童的生命和情感产生联结,才是积极的,具有活力的。许多课文,文章里或文后的练习里,都有可以和学生生活联结的内容。如第 10 课《端午粽》,课后的练习是"你知道关于端午节或粽子的故事吗?和同学说一说"。这个教学内容,就是把知识与学生个体的经验产生联结,让学生通过阅读了解关于"端午节"或"粽子"的故事,尝试用自己的语言来讲述,达成从阅读的输入到讲述的输出,使学生不仅了解了知识,更是锻炼了言语能力。

3. 利于多媒体演示的内容

对低年级儿童来说,很多知识用语言描述,不一定能理解,但用图画、视频等,一看就清楚了。多媒体在低年级阅读教学的情境创设中,有着不可低估的作用。如统编一年级上册《小蜗牛》一课,"玩"是生字,"王字旁"是新学的偏旁。可"王字旁"只是我们的习惯叫法,它还有一个名称叫"斜玉旁"。为什么"王字旁"又叫"斜玉旁"呢?教师从字源演变角度,利用图片、古文字对照等方式,把这一知识点做成了微课。学生一看,对知识"是什么""为什么"都有了了解,今后"该怎么"借助王字旁识记和理解生字也就有了依据。这个"王字旁"就是一个创设情境的知识点,切不可匆匆滑过。

(三)让学习内容多样化

"教材",本就是为学生练习读和写提供的范本,它和文学作品是有本质区别的。教材里的课文,大多是选文,一篇一篇呈现,这一篇和那一篇之间的关联性并不是很强。若学生长期处在单篇阅读的环境中,那么他们的言语建构能力、对客观世界的认知等都会受到一定的局限。低年级，完全可以和阅读教学融合，适时引入一些作品，让教学内容更加多元，更加有趣。

1. 链接组合教材内容

知识的学习和掌握，是一个循序渐进、螺旋上升的过程。某个知识点教过了，并不表示学生不会遗忘、能随时提取运用，而是遇到相关内容时，要唤醒学生的记忆，帮助建立知识连接，使其知识系列化、结构化，学生学起来也就更有趣味了。如一年级上册《小蜗牛》，一个主要的语文要素是"根据字形，借助图画猜读生字"，课题里的"蜗"就是一个需要猜读的字。学生在《青蛙写诗》里接触过"蛙"，了解"虫字旁"的字大多和小虫子、小动物有关。围绕认识"蜗"选取教学内容时，除了提供蜗牛的图片，还应结合前文的"蛙"，把带"虫字旁"的字归类再现，强化偏旁表义，加深对形声字构字规律的认识。

2. 引入适切的课外选文

每一个孩子心里都有"十万个为什么"，都想探究清楚这些"为什么"。这种好奇心和探究欲是难能可贵的，是学习的源动力所在，比知识本身更珍贵。《端午粽》一课，课文最后一句是这样写的："人们端午节吃粽子，据说是为了纪念爱国诗人屈原。"为什么端午节要吃粽子来纪念屈原？屈原又是怎样的一个人？学生的脑袋瓜里会冒出一个个这样的问号。此时，就有必要把屈原与端午节的故事适时引入，解开学生心中的疑虑。

3. 整合其他学科内容

核心素养转化有两个关键点，一个是"纵向贯通"，一个是"横向相连"。前者指向学科化，后者指向综合化。语文学科的首要任务虽是发展儿童的言语智慧，但学生面临的学习情境和生活情境却是综合的。有目的地把其他学科知识整合进阅读教学中，更有利于学生语言的构建和言语智慧的发展。《小壁虎借尾巴》一课，小壁虎每次借尾巴的语言结构完全相同：先写小壁虎爬到哪里，看见谁、它的尾巴在干什么，再写小壁虎开口借尾巴，最后写对方拒绝并说明理由。低年级儿童非常喜欢这种结构化的反复性语言。课文里小壁虎向三种小动物借尾巴,在学生的心里,会自然地继续小壁虎的借尾巴之旅。教师若把其他小动物的尾巴以及作用通过图片和关键词给予提示,学生就能轻松地习得课文的语言图式,进行仿说仿写。

总之,拿到一篇课文或一个文本,在确定教学内容时,我们要从"核心素养""课程特质""学生实际"等多个视角去考量,既可对现有教材内容的承袭,也可对教材内容的重组;既包括对课程内容的规定与执行,也包括在教学实践中教师对课程内容的预设与生成。如此,教学内容的选取在准确的同时也就更灵活生动了。

第三章　低年级"智趣"阅读教学目标的制订

阅读教学目标编写的问题分析

教学目标是课堂教学的灵魂，制约着教学活动的全过程。它不但规定了一节课的教学内容、重点难点、学习层次水平，而且对教学策略的选择、教学的深度、广度等都起着重要的影响。教学目标编写得是否合理、明晰，直接关系到教学的成败，影响着教学内容、教学方法、教学媒体、教学评价及教学效果等各个方面。

一、当前文本教学目标编写的现状

当前阅读教学目标一般是如何编写的呢？我们从近期发表在各类杂志上的教学设计中按低、中、高三个学段各选取一个文本教学目标，以审读当前小学语文文本教学目标编写的问题所在。

《荷叶圆圆》（统编版一年级下册）教学设计中教学目标编写如下：

1. 知识目标：会认"荷、珠"等12个生字，会写"是、美"等6个生字。
2. 能力目标：能正确、流利、有感情地朗读课文，背诵课文。
3. 情感目标：体会荷叶的可爱，从中感受夏天的快乐。

《翠鸟》(统编版三年级下册)教学设计中教学目标编写如下:

1. 认识11个生字,会写13个生字,正确读写有关词语。

2. 正确、流利、有感情地朗读课文。

3. 感受翠鸟美丽的外形和敏捷的动作特点,体会关键词句在表情达意上的作用。

4. 在体会作者对翠鸟的喜爱之情的同时,培养学生保护动物、与动物和谐相处的意识。

《跨越百年的美丽》(统编版六年级下册)教学设计中教学目标编写如下:

1. 会写12个生字,理解"端庄、庄重、定格、刚毅、坚毅、溶解、沉淀、侵蚀、荣誉、头衔、视如粪土、卓有成效、烟熏火燎"等词语的意思。

2. 感悟居里夫人"美丽"的内涵,理解议论性词句的深刻含义。

3. 感性认识本文"形、事、情、理"相互交融的写作方法。

4. 思考人生意义,实现自我价值。

仔细审读三个年段的课文教学目标,从横向看,我们都会有似曾相识的感觉:第一条都是"生字新词"方面的,第二条都是"课文朗读背诵"方面的,第三条都是"体会感悟"方面的,第四条都是"语言表达方式"方面的(《跨越百年的美丽》略有差异)。事实上,很多一线语文老师编写的文本教学目标多是如此生硬。再从纵向看,三个学段在同一内容目标的表述上几乎没有差别。

这样的目标编写有什么问题呢?

二、当前文本教学目标编写反映出的问题

(一)教学目标没有体现年段特征

其实义务教育《语文课程标准》中对于目标的编写、年段特点还是很明显的。我们以朗读教学为例来看看各年段的教学目标:

第一学段:学习用普通话正确、流利、有感情地朗读课文。

第二学段：用普通话正确、流利、有感情地朗读课文。

第三学段：能用普通话正确、流利、有感情地朗读课文。

第一学段和第三学段"用"的前面加了限制词语"学习""能"。什么是"学习"？"学习"的过程就是一个出错改正的过程。一二年级的孩子刚入学不久，就要"能用普通话正确、流利、有感情地朗读课文"显然是不现实的。因此，"用"前面加了"学习"二字定位就很准确了。到了第二学段，孩子们汉语拼音已经熟练掌握，识字量也达到了基本的阅读要求，所以目标编写就可提升一级，要求"用"普通话正确、流利、有感情地朗读课文。当然，这中间出错也是难免的，"用"的过程就是一个不断熟练的过程。到了第三学段，要求就高了，要具备"用普通话正确、流利、有感情地朗读课文"的能力了，所以加了一个"能"字。

我们真的需要反思：关于朗读的目标，在编写时是否有意识地把年段特征体现出来了呢？

（二）课堂教学目标编写不够全面

《义务教育语文课程标准》（2011版）明确指出，教学目标的编写要从"知识与技能""过程与方法""情感态度价值观"三个维度去把握，三维要统一、有机地整合在一起。然而，细读上面举例的目标，我们却不难发现缺少了"过程与方法"！

比如，识字写字这一条，均是"会认×个生字，会写×个字。能正确读写'某某'等×个词语"。该用什么方法去引导学生认识这些生字？这些生字识记、理解难点在哪里？这些词语又该怎样去理解掌握？从编写的目标中我们不得而知。缺少过程与方法的目标编写，也就不能切实有效地指导课堂的实施。

显然，教学目标的编写如果没有把三维目标整合考虑，就会导致每一条小目标编写出现"残缺不全"，使目标编写流于形式。

（三）课堂教学目标语言表述简单

教学目标语言表述过于简单也是我们一线教师在目标编写时的一个主要问题。如识字教学，在《义务教育语文课程标准》（2011版）中，年段教学目标层次也非常清楚。

第一学段:"掌握汉字的基本笔画和常用的偏旁部首,能按笔顺规则用硬笔写字,注意间架结构。初步感受汉字的形体美。""养成正确的写字姿势和良好的写字习惯,书写规范、端正、整洁。"

第二学段:"能使用硬笔熟练地书写正楷字,做到规范、端正、整洁。用毛笔临摹正楷字帖。"

第三学段:"硬笔书写楷书,行款整齐,有一定的速度。""能用毛笔书写楷书,在书写中体会汉字的优美。"

但上述案例中的"识字"教学目标,一律用"会写多少生字"一笔带过。非常笼统,目标的设定没有指示和指向作用。什么叫"会"?是不是把这个字按笔顺写出来就是"会"?还是写出笔锋是"会"?或者是间架结构摆得好是"会"?抑或汉字书写时整体大小匀称是"会"?这个"会"字有着太多可以解读的内容。

没有根据年段特点进行细化分解的目标是教学目标编写的一大忌,它会引起教学行为的随意性和盲目性。这样编写的目标跟"无目标"没有多大差别。

(四)其他方面的相关问题

除了上述问题外,当前一线语文教师在编写教学目标时,还容易出现教学目标编写水平层次混乱、课堂教学目标主体错误、课堂教学目标混同教学内容等问题。

例如,在一次市级公开课观摩活动中,有两位老师分别执教《桂林山水》(人教版四年级下册)和《草原》(人教版五年级下册),文本教学目标关于"读写词语"一项是这样陈述的:"能正确读写'玩赏'等16个词语"(《桂林山水》);"正确读写'地毯'等12个词语"(《草原》)。

对于正确读写词语,四年级的学生反倒要求"能正确读写",这里的"能"和前面一样具有形成能力的意思。而到了五年级,却只要"正确读写"就可以了。这种"技能领域"(言语、视看和书写动作与眼耳口舌的协调能力发展等方面)的目标,按照由简单到复杂应该分为"模仿""操作""熟练"三个级次。可是,我们在编写目标时非但没有正确区分,反倒颠倒,造成混乱。

仍是上例《桂林山水》一课,这位老师在文本教学目标中还有一条是这样的:"感受桂林山水的美好,培养热爱祖国大好河山、热爱大自然的感情。"谁"培养"?显然是老师培养学生。如果在"培养"前加一主体,即可以明显看出其主体是教师。课堂教学目标是对学生课堂学习结果的预期,所以教学目标的主体是学生而不是教师。像这样主体错误的表达方式还有:"使学生初步掌握从远到近的观察方法";"让学生体会到'只有辛勤的劳动才能得到丰厚的回报'"等等。目标主体误为教师,"会使注意力集中在教师的活动上,而不是集中在学生应该获得的学习结果上。"从而影响到学生的主体性发挥和目标的达成。

可见,编写准确、明晰的教学目标,对于一篇课文、一节课的教学是否有效起着至关重要的作用,它是课堂教学的方向和路径。教学目标编写得越清晰,目标的方向和达成的路径也就越明晰,课堂教学的效果也就越理想,因此,编写文本教学目标必须字斟句酌,力求准确、精当、明了。

低年级"智趣"阅读教学目标的编写

"智趣"阅读教学的目标按照内部认知模式和外部行为表现相统一的方式来编写,根据预期学习结果来表述,让教学目标真正成为指引学习活动的路标。

一、"智趣"阅读教学目标的特点

我们以小学阶段第一篇阅读课文《秋天》为例,试看一般阅读教学目标和"智趣"阅读教学目标的不同。

一般阅读教学目标：

1. 认识"秋、气"等10个生字和"木字旁、口字旁、人字头"3个偏旁；会写"了、子"等4个字和"横撇"1个笔画。

2. 正确朗读课文，注意"一"的不同读音。背诵课文。

3. 结合插图初步了解秋天的特征，知道秋天是个美丽的季节。

"智趣"阅读教学目标：

1. 学习用联系生活、结合语境、借助课文插图等方法准确识记"秋、气、叶、飞"等10个生字；学习用对比、联系字义等方法认识"木字旁、口字旁、人字头"3个偏旁；通过观察比较、自己练写等方法，学会书写"了、子"等4个字和新笔画"横撇"。

2. 通过聆听教师范读、认读带"一"的短语等，发现"一"的不同读音，通过自己练读、同桌互读等方式，读准带"一"的短语和句子，正确朗读课文。在反复诵读、师生对读、填空读的基础上，背诵课文。

3. 结合插图，在文中找出秋天到了，哪些事物发生了变化。根据课文语言图式，学会用"秋天来了，（什么）（怎么样了）"的句式说说自己眼中的秋天，表达对秋天的喜爱之情。

细心研读，就能发现一般阅读教学目标和"智趣"阅读教学目标在表述方式和呈现内容上有着明显差异。

二、"智趣"阅读表述方式上的差异

（一）"智趣"阅读教学目标比一般阅读教学目标表述更有利于教学方法的选择

比如第一条目标，一般阅读教学目标只提示了学生学习的内容以及程度，而对于怎么学，却只字未提。而"智趣"阅读教学目标，则明确了学生学习生字是用

"联系生活、结合语境、借助课文插图"等方法,认识新偏旁是用"对比、联系字义"等方法,汉字书写用"观察比较、自己练写"等方法。可见,一般阅读教学目标,在真实课堂上很难为教师选择教学方法和教学材料提供依据,"智趣"阅读教学目标能有效地为教师选择教学方法和教学材料提供依据。

(二)"智趣"阅读教学目标比一般阅读教学目标表述更有利于监控学习过程

如果教师所描述的预期学习结果足够清晰,不仅能对教学过程起到监控作用,还能及时调整偏离教学目标的行为。如在第二条教学目标里,一般阅读教学目标表述为"注意'一'的不同读音"。在读准课文的过程中,做到什么程度叫"注意"?是关注到"一"有不同的读音,还是能把"一"在课文不同语境中读准,抑或知道"一"变调的规则,借助规则读准"一"字?相对而言,"智趣"阅读教学目标就有了清晰的表述,先"发现""一"的不同读音,再"读准"带"一"的短语和句子,最后实现"正确朗读"课文。一般阅读教学目标的表述不够清晰,无法有效监控学习过程,"智趣"阅读教学目标的表述能有效实现监控学习过程。

(三)"智趣"阅读教学目标比一般阅读教学目标表述更有利于教学材料提供

选取什么样的学习材料决定着课堂教学的有效性,决定着学生在课堂里发展空间的大小。对有六年多生活经验和学习经验的一年级学生来说,他们已经基本了解秋天的特征,对秋天的美也有自己的认知和体验,只是无法用规范的语言来表述。但我们看一般教学目标的第三条,"结合插图初步了解秋天的特征,知道秋天是个美丽的季节"。教学材料选取定位在"文本""插图"两者上,图文结合实现"初步了解秋天的特征,知道秋天是个美丽的季节"。显然,这与学生的已有学习经验和生活经验是不够吻合的。"智趣"阅读教学目标,对此条进行了调整,"结合插图"的目的是帮助学生在文中找出"秋天到了,哪些事物发生了变化",考虑到学生识字量较少,借助插图来帮助阅读,目的指向"提取信息"这一阅读能力的培养。对秋天的喜爱之情,是借助课文中的语言表达形式来表达,教学材料关注语言图式。

三、"智趣"阅读呈现内容上的差异

（一）"智趣"阅读教学目标比一般阅读教学目标更能有效地体现"教—学—评"的一致性，有利于评估学习结果

好的教学目标，明确表述了教学之后学生应该知道的和应该做的，让教学评估这件复杂的事情变得简单明了。如，一般阅读教学目标中第二条"注意'一'的不同读音"，由于对此处的"注意"应该停留在哪个层级，缺乏评估标准，所以很难评估学生的学习结果。而"智趣"阅读教学目标层级就非常明确，第一层级学生要能"发现"课文中"一"不同读音的地方；第二层级能"读准"带"一"的短语和句子；第三层级能在整篇文章的朗读中读准确，能有效地体现"教—学—评"的一致性。

（二）"智趣"阅读教学目标比一般阅读教学目标更关注较高水平的学习结果

随着教育越来越重视"理解""推理""问题解决"和"在生活情境中运用所学知识"等，单个的具体任务已不足以描述大量的预期教育结果。比如本课中，一般性教学目标只停留在生字学习、朗读和对秋天的常识认知上，缺乏对较高水平学习结果的关注。我们都知道，生字、词汇的学习，不仅仅是为了增加识字量和词汇量，还要增强学生阅读、书写和表达的能力。"智趣"阅读教学目标的第三条、第四条就很好地阐释了这一观点，把课文中字、词、句的学习，指向迁移运用，实现言语能力的有效发展。

简言之，"智趣"阅读教学目标的编写，绝不仅仅局限于简单的知识和技能的结果，还包括复杂的认知结果、问题解决和表现性技能等，有利于为老师选择教学方法和教学材料提供依据，有利于监控学习过程，有利于评估学习结果以及关注较高水平的学习结果以及根据学生可测量和可观察到的学业行为来明确教学目的究竟是什么，既明确了教学的焦点，又为评估学生的学业成就提供依据。

四、"智趣"阅读教学目标编写的理论依据

"智趣"阅读教学目标编写的指导依据是什么呢?

教育目标分类学的研究人员一般将教育结果分为三大领域,即:认知技能领域、情感领域和心理动作技能领域。美国的 Norman E.Gronlund 和 Susan M.Brookhart 在《设计与编写教学目标》一书中对这三大领域阐释如下:

1. 认知技能领域。关注智力结果,该分类系统是从低水平的知识结果到高水平的智力技能和能力。认知领域可以分为"知识—领会—应用—分析—综合—评价"六个层次。

2. 情感领域。关注兴趣、态度、欣赏和适应方法等领域的结果,该分类系统是从简单地接受刺激到发展出引导行为的内在价值观。情感领域可以分为"兴趣—态度—欣赏—适应"四个层次。

3. 心理动作技能领域。关注动作技能,该分类系统是从单纯的感知外界信号到形成一种新的动作图式。心理动作技能领域的分类也是从简单到复杂排列的,心理动作领域可以分为"过程—作品—问题解决"三个层次。

"智趣"阅读教学目标的编写,依据目标分类学理论,遵循"从简单到复杂考虑目标的递进性""从局部到全面考虑目标的完整性"这两大原则。

值得注意的是,"智趣"阅读教学目标的编写,是根据复杂性而不是难度来排列先后顺序。因为较高水平的学习内容,也能在任何一个年段的学生中开始教。比如思维、推理等,简单的,可以在低年级教,复杂的到高年级教。再者,包含了具体学习结果的教学目标,通常不限于一种领域,如朗读技能,就包含在三种不同的领域:知道读音是什么、读时需要语气语调、要用怎样的方式去读。

"智趣"阅读教学目标的编写,以这三种领域的分类学理论为理论依据,在编写具体的教学目标时,根据语文学科特点和年段特点以及任务类型灵活选择教学目标的表述方式。

"智趣"阅读教学目标编写参考框架：

领　域	层　　次	表　现
认知技能	知识—领会—应用—分析—综合—评价	回忆、解释、估计、比较、归类、辨认、分析、推断、联系、判断等
情感	兴趣—态度—欣赏—适应	倾听、反应、参与、追求、表明、联系、尊重等
心理动作	过程—作品—问题解决	说话、书写、建构、证明、操作、表现等

第四章 低年级"智趣"阅读教学的设计与实施

低年级"智趣"阅读学习活动设计的特点、原则及路径

传统的低年级阅读教学,以教师为中心,注重课文知识的教授,学习的途径和手段都比较单一,缺乏与现实和生活的对接。学生在学习过程中,较难有智慧的挑战、协同学习的经历以及对真实问题解决的体验。

而真正的学习,一定是以学习者为中心的。因而,改变低年级阅读教学方式,设计有趣有效的学习活动,让低年级学生的阅读能真实而又自然地发生,就显得尤为必要了。

一、低年级"智趣"阅读学习活动的特点

什么是低年级"智趣"阅读学习活动?

简单说,低年级"智趣"阅读学习活动是根据低年级学生的语言学习特点,基于"智趣"阅读教学理念设计的阅读学习活动。具有以下几个特点:

1. 学习活动是学生自主阅读的过程

不少老师以为,低年级学生自主学习能力比较弱,低年级的阅读教学必须由

教师来主导，学习的进程由教师来掌控。体现在课堂上，教师说得多，讲得多，教得多，学生经常处于被动接受的状态。因而，经常能发现低年级学生在课堂上无心听讲，走神、做小动作等频频发生。事实上，哪怕学习者再小，若学习的过程是由学习者自己发起、调控、完成的，则学习效果会完全不同。

2. 每个学习活动是相对独立又有连续

低年级学生，自主学习能力的确不是很强，且低年级阅读教学承载着识字写字、练习朗读、学习阅读、积累运用语言等多样任务。所以，学习活动要根据不同的学习内容来设计。相对于中高年级来说，低年级的学习活动设计，任务会简单些、学习活动的用时会少一些。一般一个学习活动完成一项学习任务，每个学习活动相对独立，但又具有连续性，共同指向学习目标的完成。

3. 学习活动注重内部心理活动和外部行为相结合

在阅读课上，学生外在表现出来的朗读、书写、观点发表等外部行为，都不是可以简单的能随意操控的动作。从心理学角度看，其本质是以认知活动为核心的一系列心理活动。正如倪年双、邵志豪老师在《学习方式与学习活动设计》一书里所言："学习活动从心理活动层面，不仅包括感知、记忆、思维等认知活动，还有兴趣、动机、态度、情感等心理活动的参与；从学习过程层面，是内部心理活动与外部行为结合的过程，学生的内部心理活动是在学生的外部行为支持下进行的。"低年级学生的有意注意还不是很强，更需从学习心理角度给予激发和唤醒，注重内部心理活动和外部行为之间的结合。

二、低年级"智趣"阅读学习活动设计的原则

1. 目标导向原则

低年级"智趣"阅读学习活动设计的目的是为了更好地达成学习目标。所以，学习活动必须以学习目标为导向，避免学习活动形式化，出现与学习目标不契合

甚至与学习目标相背离的情况。

2. 内容匹配原则

低年级"智趣"阅读学习活动的设计一定要基于对学习内容的充分解读，准确把握学习内容的特点、学生学习的难点，让学习活动与学习内容相匹配，防止两者之间的脱节。

3. 形式有趣原则

低年级"智趣"阅读学习活动自然强调活动形式的趣味性。设计的学习活动要生动活泼又富有挑战，能吸引学生全过程、全身心参与学习。

4. 全员参与原则

低年级阅读教学是学习阅读的起步阶段，也是义务教育阶段的起步阶段。这一阶段的学习体验，对学生今后的学习起着至关重要的影响。要让每一个学生在课堂里都能参与学习，体验阅读的快乐。

三、低年级"智趣"阅读学习活动设计的路径

基于国家课程的低年级阅读教学，有其大量的、系统的课程目标和课程内容，是无法靠学生个体的自发阅读达成的，也不是靠老师一厢情愿的授予可以实现的。教师必须对学习活动进行科学设计，引导学生经过长期学习实践，才能帮助他们循序渐进地积累阅读经验，掌握阅读方法，发展阅读能力。

因学习内容和学习目标不同，学习活动设计的路径也有所不同。

1. 操作性学习活动设计

心理学研究表明：小学生的思维正处于由具体形象思维向抽象逻辑思维转变的过渡阶段。他们的思维仍然以具体形象思维为主要形式，他们的抽象逻辑思维需要在感性材料的支持下才能进行。许先文教授也在《语言的具身认知》一书里提出，身体参与在语言学习过程中发挥着重要的作用。

操作性学习活动有其独特的优势,如能把抽象的知识形象化,便于理解和记忆;能让思维过程与动作过程紧密联系,利于内化知识,发展思维;激发学生主动学习的兴趣,认真完成学习任务;增进学习个体之间的情感交流,取长补短,协作进步。

统编小学语文一年级下册《小猴子下山》是一篇充满趣味的童话故事,课后要识记的生字大多是动词,如"扛、扔、捧、抱、掰、摘"等。这些动词,都和手部动作有关,但动词之间又有着细微的区别。教学时,就可通过操作性学习活动的设计,帮助学生借助动作,领悟用词的精准妥帖。可分以下几个步骤展开:

步骤一:朗读课文,随文出示相关动词。

步骤二:观察"掰、扛、扔、摘、捧、抱",说说自己的发现。

提示:都和手部动作有关,其中"掰",虽没有提手旁,但有两个"手"字。

步骤三:操作性学习"掰"。

① 发现。观察发现"掰"的结构特点,两"手"字中间有一个"分"字,"掰"就是用两只手把一样东西分开。

② 尝试。给学生一个橘子,让他们做做看,如果用一只手是否能掰开,再用两只手掰着试试。理解"掰"字的意思,两手一分就是"掰",识记字形。

③ 联系。回忆生活中还掰过什么东西,用上"掰"字说一说。如掰饼干、掰面包、掰香蕉等。

步骤四:操作性学习其他五个提手旁的生字。

① 读,做动作。读"扛、摘、捧、抱、扔",根据自己的理解做一做动作。

② 看,纠动作。看课文插图,纠正动作。

③ 想,记字形。建立生字音、形、义之间的联系。

④ 玩,强识记。师生共同游戏,巩固生字识记。如教师做动作,学生举相应动作的卡片,或教师举生字卡片,学生看卡片上的动词作出相应的动作。

这一环节的学习活动设计,老师就把识字的主动权还给学生,让学生在充分的操作过程中去观察、分析和综合,学生经历了知识的发生、发展的过程,生字也就能记得正确,记得牢固了。

2. 体验性学习活动设计

可以说,体验性学习是人类最基本的学习方式,观察、实践等都离不开体验。教育部制订的《全日制义务教育课程标准》十分注重引导学生通过"体验"来学习。体验性学习与三维目标中的"过程与方法""情感态度与价值观"有着直接、紧密的联系,这两个维度目标的达成,更是离不开体验。

体验性学习活动,亦有其特点与优势。在体验性学习活动中,学生学习主体的地位得以确立和保证,能让他们积极主动地参与学习过程;重视学生各种形式的实践,重视个体情感、体验、领悟、想象等学习心理过程发生与发展;此外,体验性学习从引发感悟,到促进反思,再到推动发展,是一个全程参与学习的过程。体验性学习活动的设计,从文字到内心,由表及里层层推进的。

统编小学语文二年级上册《纸船和风筝》是一个很感人的故事,纸船和风筝带着问候,带着祝福,带着谅解,带着浓浓的真情,让松鼠和小熊成了好朋友,成了维系、发展他们友谊的纽带。本文的语言很有特色,如"飘哇飘""祝你快乐""祝你幸福""乐坏了"等词句,简洁朴素,却又含着深情,是本文主人公友谊的外显。教学时,抓住这样的一些语句,联系学生的生活、情感经历,引导进行体验性学习,学生就能轻松地理解文本的内容和内涵。可抓以下几个语言点进行体验性学习:

语言点一:关注"漂"与"飘",体验时间长、距离远。

提示:先找出两个句子,即"纸船漂哇漂,漂到了小熊家门口。""风筝乘着风,飘哇飘,飘到了松鼠家门口。"再分辨"漂"和"飘"的不同用法;最后朗读体会,漂(飘)的时间长,漂(飘)的距离远。

语言点二：关注"祝你幸福"与"祝你快乐"，体验祝福的友好。

提示：先识记"祝"字。"祝"最早见于甲骨文，表示一个人跪在石桌边向神祈祷，所以像"祝、福、祈、祷"等这样表示祝福的字都是"示字旁"。再用上"祝"字说几句祝福的话；最后真诚地读读文中的这两句祝福——祝你幸福，祝你快乐！

语言点三：关注"乐坏了"，体验友谊的美好。

提示：先理解"坏"字在本课词语中的意思，小熊和松鼠收到祝福后就"乐坏了"；"坏"在字典中有两种解释，一种是"缺点多"，另一种是"程度深"，"乐坏了"的"坏"是"程度深"的意思。再就"坏"字"程度深"的意思迁移运用，"高兴极了、快乐极了"可以说是"乐坏了"。那累极了呢？气急了呢？然后联系自己进行说话，你"乐坏了"的时候会怎么说、怎么做？最后，带着自己的体验和感受，读读小熊和松鼠"乐坏了"这两个自然段。

语言点四：关注吵架后的段落，体验失联的沮丧。

提示：请学生读吵架后的段落，教师随机采访学生。如：小熊，今天你没收到祝福，心情怎样？接连几天都没收到呢？请你带着这种感受读一读。再如：松鼠，今天你也没有收到问候，心情怎样？请你带着这种心情读一读。

语言点五：关注"受不了""高兴得哭了"，体验友谊的包容与谅解。

提示：先走进"受不了"，"他们再也受不了"，此时，小松鼠和小熊会怎么想、怎么做；再走进"高兴得哭了"，这里的哭是因为难过吗？理解这里的哭和前面的"乐坏了"相似，都是表示极点。然后说一说，怎样的朋友才是真正的好朋友，明白好朋友之间不仅需要祝福和问候，更需要宽容和互助。最后读好这一段，感受友谊带来的幸福。

体验性学习活动设计，重在激发学生学习的动机和情感，让他们和文本产生共鸣，在情境中，让学生动起来，有了切身的体验，对教学内容的理解就会深入，也更容易在对话反思中构建自己的知识体系和情感体系。

3. 想象性学习活动设计

爱因斯坦说过："想象力比知识更重要，因为知识是有限的，而想象力概括世界上的一切，推动着进步，并且是知识进化的源泉。"的确，想象是创新能力中最活跃的因素。可以说，想象是创新的翅膀，拥有想象才能飞向创造的新世界。

想象力的差异，很大程度取决于表象的数量和质量，而想象性学习活动，能够不断丰富学生的表象，开阔想象的深度和广度。学生借助生动的语言描述，想象事物的形象、故事的情节等，亦能激活对美好事物的向往。在阅读想象活动中，往往会借助说、写等方式来表现想象成果，推动学生语言、思维和情感等多方面的发展。

统编小学语文二年级下册《当世界年纪还小的时候》是德国作家于尔克·舒比格的一篇想象文章。课文以第三人称的口吻介绍了当世界还小的时候，太阳、月亮、水等事物学习生活的过程。文章内容浅显易懂，但如何想象、如何表达却是学生不能凭一己之力所能洞察的，需设计学习活动让学生去体悟。学习活动的设计，可从两个方面展开：一是借助学习活动，品读感悟语言；二是学习语言图式，迁移运用语言。

以"太阳学本领"这段为例。让学生通过自主学习，明确这段话共有三句话：第一句写太阳学会的本领，第二句写太阳学这两项本领的原因，第三句举了"学唱歌"这个具体的例子来进一步说明。

这三句话，第三句话又有很大的想象空间，可多次展开想象。

第一次，紧扣"粗糙的声音"想象：那个时候，世界还很小，大家都刚刚出生，这么粗糙的声音会把这些敏感的新事物都吓坏的。想象一下，如果你是这些新事物中的一员，听到这么粗糙的声音，你会怎么做，怎么说？学生会说出："我是小花，听见这粗糙的声音，会吓得枯萎。""我是小草，听到这个声音可能会喊'哎呀，妈呀，地震了，快跑啊！'""我是一只小鸟，听到这个声音，会吓得直接掉下去。"这些都是充满想象的语言。

第二次，围绕"譬如"想象：太阳学过的本领肯定不只唱歌。你能不能也用上"譬如"来举个例子，说一说？学生再次展开想象，语言灵动有趣：

太阳也试过做别的事，但是都没有成功。譬如说他学跳舞，圆圆的身子一跳就倒，一跳就倒；

太阳也试过做别的事,但都没有成功。譬如说画画,它的身体一碰到画纸,就把画纸给烧了;

　　太阳也试过做别的事,但都没有成功。譬如说游泳,它一跳进水里,就把水蒸干了。

　　第三次,围绕段落表达图式仿说。即先说太阳学会的是什么本领,再说学这项本领的原因,最后举个例子来具体说明,借助想象说一段完整的话。

　　最后,还可让学生选择事物展开想象说话。这个世界刚开始的时候,不仅有太阳、月亮、水,世界上还有很多很多东西,比如小鸟、雨,还有我们想得到的很多很多东西。这些东西学什么最容易,他们学会的是什么本领?选一样,学着课文写太阳、月亮和水的样子说一说。

　　且看学生的想象:

　　生1:小鸟开始学飞翔,它很快就学会了,因为只有一种方式,那就是一直拍动翅膀,一直拍动翅膀,一直拍动翅膀……

　　生2:大树开始学长高,学着怎么长出叶子和落下叶子。它也试过做别的事,但是都没有成功。譬如说跳舞,它的脚伸进地底,身子怎么都转不起来。

　　生3:小鸟开始学飞行,它也试过做别的事,但是都没有成功。譬如说游泳,湍急的河水差点把它淹死。

　　……

当学生投入想象性学习活动后，他们就会自觉地在读中想，想中悟，把文字描述的内容想象成一幅幅的画面，并结合自己的认识经验开始再造想象，文字也就富有了独特的韵味和生命。

当然，根据不同的学习内容，还有更多的学习活动设计类型，如辩论性学习活动、统计分析性学习活动、创编性学习活动等。只要教师转变教学理念，善于学习，勇于实践，就能设计出有趣又实用的学习活动，有效改变低年级的阅读教学的现状，实现学习方式的转变，让学生从被动学习走向主动学习，从浅层学习走向深度学习，最终走向真实的阅读生活应用。

低年级"智趣"阅读教学设计策略

那如何让低年级的阅读课堂充满活力，"智""趣"并行呢？以下教学策略可供参考。

策略一：教学内容体系化

华东师范大学崔允漷教授在《基于课程标准：让教学"回家"》一文中明确提出：一种完整的教育教学活动至少要回答以下四个核心问题——"为什么教""教什么""怎么教""教到什么程度"，只有这四个问题具有逻辑上和行动上的一致性，才能说该教育教学活动是完整的、专业的。

反观当下的阅读教学，面对同一篇课文，老师选取的内容往往是各不相同的。尤其是公开课，为了推陈出新，上出亮点，老师们更是绞尽脑汁，剑走偏锋。其实，这样的做法是对"教什么"认知的模糊，是对学生语言学习规律的一种漠视，是"不完整、不专业"或是"欠完整、欠专业"的教学活动。

教学内容的选取，必须明确该内容的内在逻辑体系，对照相应年段课程标准，结合学生的实际情况来选取。当下学习内容是早先学习内容的延续，也是未来学习内容的基础，彼此之间是有呼应、继承和发展的。

如"朗读"，在第一学段阅读阶段目标里有两条：

学习用普通话正确、流利、有感情地朗读课文。学习默读。

在阅读中，体会句号、问号、感叹号所表达的不同语气。

那从第一册到第四册，是不是每一篇课文都要求学生做到这两条呢？显然不是。初入学儿童的第一次朗读和经过两年正式语文学习最后一课的朗读，要求必然是不一样的。统编教材在"朗读"能力的训练上，用课后练习的呈现方式，清晰地画出了螺旋上升的能力曲线图。

第一册，自课文始，均要求能整篇读准字音，在课后练习里明确提出朗读训练的有：

第1课《秋天》，要求"注意读准'一'的变调"。

第8课《雨点儿》，要求"读下面的句子，注意读好停顿"；分角色朗读课文。

第二册，朗读要求在上册的基础上，有了提升和发展，在课后练习里明确提出朗读训练的有：

第2课《我多想去看看》，要求"注意读好带感叹号的句子"。

第5课《小公鸡和小鸭子》和第19课《棉花姑娘》，要求"读好小公鸡和小鸭子的对话""读好文中的对话"。

第10课《端午粽》和第11课《彩虹》，要求"注意读好长句子"。

第14课《要下雨了》，要求"说说故事里有哪些动物，再分角色读一读"。

第三册，朗读要求在前两册的基础上，又有了提升和发展，在课后练习里明确提出朗读训练的有：

第 1 课《小蝌蚪找妈妈》，要求"分角色朗读课文"。

第 8 课和第 18 课《古诗二首》，都要求"读诗句，想画面"。

第 11 课《葡萄沟》，要求"朗读课文，注意下面加点字的读音"。

第 12 课《坐井观天》，要求"分角色朗读课文，读好下面的句子"。

第 14 课《我要的是葫芦》，要求"注意句子不同的语气"。

第 19 课《雾在哪里》，要求"雾说话时的语气"。

第 20 课《雪孩子》和第 23 课《纸船和风筝》，要求"默读课文，试着不出声"。

第 22 课《狐狸分奶酪》，要求"分角色朗读课文"。

通过罗列，我们不难发现，教材对朗读训练的要求在逐步提升：从读准字音、读好停顿、分角色朗读，到读好长句子、读好对话、读好感叹句，再到边读边想画面、读出不同语气、学习默读等，学生"读"的能力在不断提升。教学中，我们就要抓住本册的核心教学内容，兼顾以往学习内容，引导学生把"读"练到家，循序渐进，形成朗读的能力，尽量不要错位或缺位。如刚入学的儿童，字不认识，大声朗读是巩固发音的有效方法。教师若直接要求学生练习默读，儿童发音的准确性就会受到影响，也不利于流畅朗读的练习。

把教学内容放在某个知识点或能力点的发展体系中去考量，是保证阅读教学效益的前提和基础。

策略二：教学环节问题化

现今的低年级阅读教学课堂，"一问一答"的碎片化教学方式仍占较大比例。学生在教师的细碎问题里亦步亦趋，学的时间紧促、提升空间狭窄。这样的教学不仅不利于学生对知识的掌握和技能的形成，也不利于他们思维、情感、审美等的发展。采用问题化教学，则把"学"的责任和任务都移交回学生，让"学"真正地在课堂里发生。

问题化教学（PEI：Problem Enriched Instruction）是指以一系列精心设计的类型丰富、质量优良的有效教学问题（教学问题集）来贯穿教学过程，培养学习者解决问题的认知能力与高级思维技能的发展，实现其对课程内容持久深入理解的一种教学模式。

低年级阅读课，识字写字、流畅朗读、理解积累、语言运用等涉及的知识点会比较多。因而，低年级阅读的问题化教学，我们可以定位为围绕两三个主问题，引导学生和文本、教师、编者之间开展真正意义上的对话。这两三个主问题的设计，必须是优质的、具有统领性的，让教学环节简明又富有张力。

紧扣题目设计主问题。一篇文章的题目，往往体现了作者别具匠心的构思，有的用来揭示中心，有的用来交代写作对象，有的提出论点问题等。抓住题目来设计问题，往往能够起到牵一发而动全身的效果。

一年级上册《比尾巴》一课，题目"比尾巴"就是这样的一个可以统摄全文的学习"文眼"和"灵魂"。可以设计成三大问题：

谁比尾巴？学生充分、自主阅读，找出相关动物，把它们的头像贴在黑板上。再借助"动物们急匆匆跑去比赛，忘记带参赛牌了，让小朋友给他们送参赛牌"的情境，引导学生读准、识记动物名称及相关生字。

比尾巴大赛有哪些项目？学生再次充分、自主阅读，找出和比赛项目相关的词语，"长、短、好像一把伞、宽、扁、最好看"，引导学生读准、识记项目名称里的相关生字。

比尾巴大赛的结果如何，你对奖项获得者有没有疑问？引导学生深入文字，理解意思。如"为什么把'好像一把伞'的奖牌颁给松鼠"？引导学生理解这里的"伞"，指的不是"雨伞"，而是"降落伞"，再理解松鼠尾巴和降落伞之间的相似之处。结合理解，引导学生读准、识记"伞、最"等和奖项相关的生字。

这样的环节设计，就有效避免了教学的零碎繁琐，保障了学生"学"的主动性，也保证了"学"可以充分展开。

主问题的设计，还可以从文章结构脉络入手。作者写作的思路会体现在文章的结构脉络中。遵循作者的写作思路设计教学问题，也是常用的问题设计方法，如一年级上册《小蜗牛》：小蜗牛出门一趟，就要爬一个季节，它从春爬到夏，从夏爬到秋，从秋爬到冬，最后待在家里过冬了。课文里有一句话反反复复出现，就是"小蜗牛爬呀，爬呀，好久才爬回来"。这句话就是《小蜗牛》文章结构的脉络，不但起到承上启下的作用，还把小蜗牛爬得慢的特点写得淋漓尽致。教学时，就可在理解这个关键句的基础上，设计一个主问题：你从哪里看出，小蜗牛爬得实在太慢了？学生在反反复复的阅读中，感受小蜗牛的慢——小蜗牛春天"小树发芽"时爬出去，到夏天"小树长满了叶子，碧绿碧绿的"才爬回来；夏天"地上长着草莓"爬出去，到秋天"草莓没有了"爬回来；秋天"地上长着蘑菇，树叶变黄了爬出去"，到冬天"蘑菇没有了，地上盖着雪，树叶全掉了"爬回来。小蜗牛实在爬得太慢了！

当然，主问题的设计还有很多思路，只要教师精心阅读文本，提供核心主线，学生的课堂阅读就会积极主动，充满生机。

策略三：教学活动操作化

许先文教授在《语言具身认知研究》一书里，给语言认知活动中的身体定义如下："语言认知活动中的身体必定是融入特定情境之中的身体，是被语言环境包裹之下的身体。"身体在语言认知中的状态是："身体处于这种情境并不是保持静止的状态，而是参与到语言认知活动中构成认知系统的核心要素。"

低年级儿童的学习，是动作、形象优先的。教学活动的设计，必须符合他们的认知规律，方能取得良好的学习效果。因而，科学地设计多样化的学习活动，通过学生的多器官、全方位的参与，积极开展言语实践，引导他们建构起有意义的知识体系，也是让阅读焕发生命之光的一大策略。

统编教材第三册《坐井观天》是一则寓言故事，根据《庄子·秋水》改写。故事主要围绕青蛙与小鸟的三组对话展开。第一组对话写了青蛙和小鸟生活环境的不同;第二组对话写了它们在争论天的大小;第三组对话写出导致它们说法不一的原因,作者并未直接写明寓意。

这个寓言故事没有什么生僻字,语言也浅显易懂,读通并不难,难就难在道理的领悟上。有些老师为了方便,直接把寓意打在PPT上,让学生读一读,记一记。可是,道理如果仅停留在"知道"层面,是不可能真正指导行动的。只有自己"悟到"了,才会在生活中产生作用。

为了促进寓意的理解,可设计如下学习活动:

1. 读。读好人物对话,读出不同的语气。

2. 思。小鸟和青蛙的说法为什么不一样?青蛙和小鸟都笑了,它们为什么都要笑?

3. 做。学生可走出教室看天,再用练习本等卷成圆圈遮住部分视线看天,借助身体学习体会青蛙和小鸟看到的天为什么会不一样。

4. 议。四人小组讨论故事到底想告诉我们什么道理。在讨论分享中明晰:看问题、认识事物要站得高,视线要开阔,如此才能看得要全面。眼界狭窄,所见就有限了。

5. 联。联结生活,身边有没有像井底之蛙这样的人?他们的表现是怎样的?在交流中,感受到如果见识狭窄、短浅,又盲目自大、不接受新事物,那就认识有限,就是"坐井观天"了。

这样的教学设计,就让教学活动具有操作性了。

策略四:教学设计板块化

"教"与"学",从字面看,是"授"与"受"的关系,但事实上,两者是双边互动的。随着课改的不断深化,"教"与"学"内在的关系,也在不断推进中。教师的"教",不是单项的全盘授予,更多的是引导学生自主的"学";学生的"学",也在推动着教师调整、改进"教"的内容与方式。因而,教学设计必然由以往线条状的"剧本式"设计走向开放灵动的"板块式"设计。

"板块式教学设计",也可叫作"分步组合式教学设计",就是将一节课或一篇课文的教学内容及教学过程分为几个明显的、彼此之间又有密切关联的教学板块。板块里的内容,可根据课堂教学的实际,进行"移动",实现课堂教学效果的最优化。

"板块式"教学设计,有利于凸显教学内容,发挥学生学习的自主性,能有效地解决长期困扰阅读课堂教学繁杂无序的问题;有利于根据班级学生的实际水平和学习状态,自由组合,成就不同的课堂精彩;有利于学生更高层次的知识建构,突破了单一线性设计的由甲到乙、由乙到丙的累积式的知识学习,而是把甲、乙、丙进行多种组合后,进行思维碰撞,促进新的认知与发展。

如在教学统编教材一年级下册《一个接一个》一课,就可将设计分为三大板块,即"读中识字、积累迁移、书写指导"。且看第一板块"读中识字"的设计。

第一步:教师范读课文,引导学生初步感知情绪变化。如"声音好听、读出人物的不同语气"等,教师小结本课朗读的小秘诀:有的地方开心,有的地方不开心,不同的地方要读得不一样。

第二步:学生自由读课文,了解小作者做了哪些好玩的事情。可让学生自己大声读一遍,再组员合作读一遍,最后交流小作者做过的好玩的事情有:踩影子、做美梦、上学校、跳房子、听老师讲故事等。初步感受到做的事情一件接一件,带来的快乐也是一份接一份。结合学习"接、做、梦"等和事情相关的生字。

第三步:聚焦最感兴趣的事情,细致感悟情绪的变化。以聚焦"踩影子"为例。

先请学生观察课文插图,说一说小作者这时候心情怎么样。从图上看出,学生是"开心、快乐"的。教师相机板画笑脸,读好诗歌第一句。

接着,大人喊"快回家睡觉!"引导学生结合生活印象喊一喊,再猜一猜小作者的心情怎么样？联结自己，是"不开心、不高兴"的，相机板画沮丧的脸，读出不开心的心情。结合学习"觉、再"字。

不过，小作者转念一想：回家睡着了，倒可以做各种各样的梦呢！联系生活，说一说"各种各样的梦"可能梦到什么？想到这些，猜一猜，小作者的心情又会怎样。根据学生的回答板画笑脸。再用开心的语气读好句子。结合学习"做、各、种、样"等生字。

第四步：回归整体，把握情绪读好诗歌。

这里的朗读板块设计，要求具体，层次分明，既有朗读方式的要求，又有对内容把握的要求，遵循了"总体感知—细节理解—总体把握"螺旋式上升的文本阅读的思维认知规律。学生也在多次进出文本的过程中，体味到诗歌表达的情绪，用自己的朗读将其表达出来。如此，就能比较有效地保证学生在课堂上既长知识，又学方法；既能保证主体在课堂上的学习效率，又能集中精力、实现核心教学目标。

低年级阅读教学设计策略还有很多，比如引导学生启动先备知识、找准学生学习起点等。总之，要让学生对一堂课始终有兴趣，把握好知识体系，设计好环节问题，采用大板块教学，让学生的眼、耳、口、手、脑都协调起来，使学生在有限的 40 分钟时间里，最大限度地掌握知识与技能，发展言语智慧，获取学习的愉悦情感，从而保持住对语文学习的长久兴趣。

指向思维发展的低年级阅读教学设计

阅读本应是一件有趣、有意思的事，阅读课应该是思维活跃、充满挑战的。

低年级"智趣"阅读教学，必须凸显"发展思维"这一特点。其教学路径主要有以下几种。

路径一：融合学习内容，促进思维发展

低年级的阅读教学，识记生字、流畅朗读、学习阅读、积累语言等，都是重要的学习内容。若每一个内容都是单独学习，强化练习，整节课就会支离破碎，沦为知识技能的训练课。教师在教学设计时，一定要从整体着手，系统思考，有意识地把相关的知识点和能力点有机融合起来，引导学生在掌握知识技能的同时，提升他们的思维能力，让课堂简约又富有张力。

1. 生字识记与词汇积累相融合

生字识记与语言积累相融合，很多老师都会这样做。如教学《坐井观天》里"沿"这个生字，都会让学生通过组词积累词汇，学生随机地会说出"井沿、边沿、沿着"等词语，教师给予肯定，并没有给予词汇积累方面的思维引导。

课堂上，学生你说一个、我说一个，看上去说了很多个词语，但并不等于大家能把同学说的词语都积累下来。因为一个人短时间内对没有关联的信息，大部分只能记住"7±2"个单位。一节课要学那么多生字，由生字拓展出来的词汇更是成倍增长。学生对课堂上交流的无规律的、零散的词汇记不住，实属正常。

如何破解？引导学生学会归类整合。如学生甲说到"井沿"，教师就要回应："对，井的边沿叫井沿。那谁还关注到了哪种物品的边沿，能用一个词说出来？"学生就会说出"桌子的边沿叫桌沿、床的边沿叫床沿、碗的边沿叫碗沿"等。学生若说到"沿路"，教师就可跟进引导："沿路是顺着路的意思。那顺着江可以用哪个词来说？"学生定能领会，说出"沿江"一词。教师还可追问："那还可以顺着什么呢？"学生就会说出"沿线、沿河"等词语。

这样的教学，就用一字带出一词，借一词带出一串，构建字与词之间、词与词之间的意义联结，学生在识记生字的同时，很好地发展了分析与综合的思维能力，学得轻松又记得牢固。

2. 词语理解与流畅朗读相融合

朗读是一种出声阅读的方式，是学生阅读的基本功。就语言学习而言，朗读是极为重要的。有些老师，让学生案头常备一本词语解释手册，课前让学生读词语解释，课中让学生复述手册中的词语解释，课后考察手册中的词语解释是否记住了。这样就词解词的教学，学生记住的是消极的语汇和意思，并不能有效地指导实践运用。词语的理解必须和朗读融合在一起，学生才能读懂词语的意思，读出语言的情感，这个词语才能在学生的心底落地生根。

二年级上册《日月潭》是一篇经典的老课文。课文第1自然段最后一句是这么写的："那里群山环绕，树木茂盛，周围有许多名胜古迹。"短短一句话，有"绕、茂、盛、围、胜"5个生字，包含"群山环绕、树木茂盛、周围、名胜古迹"4个带生字的词语，其中3个是四字词语。如何把理解词义和流畅朗读相融合？

教学时，教师可让学生通过朗读找出句中的3个四字词语，读准后聚焦学生觉得最难理解的词语"名胜古迹"，借助词语拆分法和结合身边的名胜古迹，引导学生理解词义，再借助图片等资料欣赏日月潭周围文武庙、慈恩塔等名胜古迹，最后让学生自己小结：名胜古迹就是比较有名的风景优美的或是历史比较久远的地方或建筑。"群山环绕""树木茂盛"可先请学生自主理解，再教师出示图片进行完善提升。这样的设计，学生不仅理解了词语，还掌握了理解词语的方法，体会到词语在句子中运用的精准和贴切，今后能自主迁移运用。同时，因为词语带有个人独特的理解，读好句子也就水到渠成了。

3. 流畅朗读与学习阅读相融合

统编教材非常重视学生阅读能力的培养，把阅读策略的学习渗透在课后的练习题中。一年级上册学习根据问题提取信息，一年级下册学习根据信息进行推论，二年级开始学习统整信息、联系上下文理解词句等。低年级阅读策略的学习，也需和其他学习内容整合，而非就策略教策略。

二年级下册《蜘蛛开店》一课，除了生字识记、书写等，课后还要求"朗读课文""根据示意图讲故事"。这两个语文要素的落实，就可以融合在一起。在学生能基本正确朗读课文的基础上,借助"蜘蛛开过哪些店,它开这些店的理由是什么"这一问题,再次进入文本,提取相关信息。发现蜘蛛开"口罩编织店、围巾编织店、袜子编织店"的理由只有一个:这些东西织起来简单!

真的简单吗?围绕"简单",结合讲故事,展开深入学习。讲故事,是二年级的阅读教学中的一个重点。本课要求学生根据示意图讲故事。见下图:

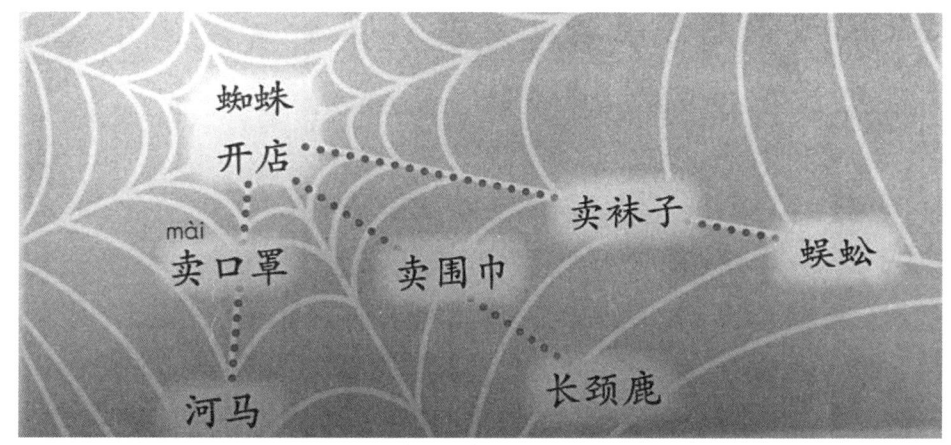

但对于二年级学生来说,这样的示意图过于简单。教学时,还要根据文本,把相关的动词提取出来,更有利于他们把故事讲清楚。因而,教学具体展开就需结合朗读,提取每一段中的关键动词,丰富示意图,再进行讲故事练习。

学生一遍遍行走在朗读课文、提取信息、练习讲述等学习活动中,就会自然而然地发现:蜘蛛认为开口罩编织店、围巾编织店、袜子编织店很简单,太过片面了。开店是否简单,不能光看所编织的物品本身,还要看来购买这一物品的顾客是谁,初步感受辩证思维的特点。

当然,"立足思维发展,融合教学内容"的设计路径还有很多,比如"生字学习和流畅朗读相融合""学习阅读和积累语言相融合"等,具体采用哪种方式,还要看文本的特质和学生的学习要求。总之,在作教学设计的时候,教师需考虑一个教学内容或一个教学环节要能实现学生多种能力的发展。

路径二：聚焦语言表达，促进思维发展

我们都知道"语言是思维的载体"。话语反映的是我们的思想，"怎么想"往往决定着"怎么说"，但倒回来，"怎么说"也往往钳制着"怎么想"，思维的高度会被我们所说的话所限定。

语文学习的"根"和"本"就体现在语言表达能力上。在低年级，语言表达能力的强弱，主要体现在"用词是否准确""语意表达是否比较清晰"等。简单说，就是能把自己的意思清楚、准确、连贯地表达出来。二年级的学生，在词语运用上，并不能完全做到贴切；在语意表达上，也往往会前言不搭后语。这与学生个体的语言积累和思维有关，也与教师教学有着密切的关系。

1. 感受用词准确

语言是有品质的。教材的文章语言，虽更侧重规范性，但作家写出一个作品，是通过他的感官去感知世界，并借由文字表达出来的。这一作家对这一事物的描写，是用"他"的身体感官去感知的，与其他作家有着区分度。教师需带着学生去品悟作家用词的准确性，在品悟词语中感受语言特质，体会语言魅力。

统编二年级上册《我要的是葫芦》一文里有这样一个句子：

细长的葫芦藤上长满了绿叶，开出了几朵雪白的小花。

随后的语文园地五在"字词句运用"板块，有这样一道题目"注意下面句子中加点的词语，仿照例子在括号中加上合适的词语，再读一读"，给出的例句就有上面这个句子，在"细长的""雪白的"两个词语上加了圆点。

从编者意图看，显然希望教师借助这个句子，带领学生去感受用词的准确。实际教学时，教师往往会出示去掉加点词的句子，让学生比较，说说喜欢哪一句、为什么。学生自然选择喜欢课文中的句子，理由是课文中的句子"更具体、更生动、更形象"。可是，"具体、生动、形象"是概念词，二年级的学生并不懂，对这两个词汇在句子中的表达作用也并不理解。所以，如果真让学生写"（　）的葫芦

49

藤上长满了绿叶，开出了几朵（　　　）的小花"，绝大多数学生会填"美丽、漂亮"等没有特征的"正确的废词"。

这就是词语概念化教学的弊端！句子中"细长的"写出了葫芦藤的形状，"雪白的"写出了葫芦花的颜色，这两点，是葫芦藤开花时，作家捕捉到的最显著的两个特点。学生只有领悟到用"我的感官"来感知事物特点，他们的用词才会有个性、有灵气，思维也才能得到真正的发展。

2. 积累语言图式

所谓图式，是人的大脑中已有的知识经验的网络。语言图式指人的大脑中已有语言经验的认知结构，对语言学习能起到正向迁移作用。也就是说，语言图式积累得越多，语言表达的形式就会越丰富，更有利于清楚地表达自己的观点和情感，也更有利于促进思维的发展。

《雾在哪里》一课中的第3、第4两个自然段，在语言结构上极为相似。教学的时候，就可以把这两段放在一起比较着教，让学生从"句子的相同之处"和"用词的相同之处"两个方面去思考。通过男女生对读，从句子角度发现语言的规律：两个段落都是先写雾说了什么，再写雾怎么做的，最后写雾这样做后带来的变化，这就是段落结构上的语言图式。在词语方面，第一句和第二句之间用"于是"连接，第三句都用了"无论是……还是……都看不见"来表述，这就是句子间的用词图式。

当学生发现并掌握这样的语言图式后，让他们学着说一说、写一写雾来到海岸、来到公园、来到校园等地方，又会说些什么、怎么做、带来哪些变化，就不再是一件痛苦为难的事了。

3. 发展语言逻辑

国内外均负盛名的语言学家潘文国认为：由于汉语是语义型语言，在语言的组织中，语义的搭配是决定语序最重要和第一位的手段。一个个语音语义团块是一颗颗分散的珠子，需要有一根线把它们串起来。这根线就是逻辑，由人的思维逻辑决定语音语义团块安排的先后次序。汉语是世界上逻辑性最强的语言，这是汉语的本质特点决定的。但，如果语言的使用者思维不清晰，则语言的逻辑也就无法体现了。如有的人写的东西组织很乱，看了之后不能让人有效理解，或者语言自相矛盾、漏洞明显等，都是因为思维不清导致语言表达逻辑上出现了问题。

统编二年级上册《坐井观天》一课，我们知道这是一只一直生活在井底的青蛙。这一结论，不难从青蛙和小鸟的对话中得出：青蛙说自己"天天坐在井里"看见的天"不过井口那么大"；小鸟认为青蛙弄错了，天是"无边无际的"，请它"跳出井来看一看吧"。

那这样一只一直生活在井底、认为天只有井口那么大的青蛙，对小鸟说的"一百多里"有没有概念呢？显然是没有的！因而，当青蛙听了小鸟的话后，也不会有"朋友，别说大话了！"这样的回应。

对于低年级学生来说，面对这样一个有逻辑漏洞的文本，生字学习、角色朗读等课程本位的知识与技能，自然是要扎扎实实地学习和落实。但教师也可以拿出几分钟时间，引导学生去发现教材语言逻辑上的矛盾，帮助其增强语言表达的逻辑性。

路径三：领悟主旨内涵，促进思维发展

"文以载道"，古今中外的文章，莫不是为了说明道理、弘扬精神，表达志向，抒发情感。低年级教科书中的文章，有些可以在主旨领悟上淡化处理，但有些课文，如寓言故事类等文本，则需有意引导学生去领悟。如此才能引导学生从语言的学习到对寓意的思考，从而促进其思维的发展。

1. 紧扣核心词汇

所谓核心词汇，是对文本理解起着重要作用的词汇。在寓言故事中揭示寓意的那些成语，如"坐井观天、揠苗助长、狐假虎威"等都是核心词汇。教学时，可围绕这些核心词汇层层展开。

以学习《狐假虎威》为例。二年级的学生一看题目就知道,"狐"指的是狐狸,"虎"指的是老虎,"假"和"威"是生字,在课文里是什么意思呢?让学生自己通读课文,并找出文中直接写出"狐假虎威"的那句话——"原来,狐狸是借着老虎的威风把百兽吓跑的。"再在句中找出,"假"就是"借","威"就是"威风","狐假虎威"的意思就是"狐狸假借老虎的威风"。但,这仅局限于就词解词,学生对"狐假虎威"的理解并没有自己独特的体验,也缺乏情感认同。在学生心里,这还只是一个消极词汇。后续教学,还需借助狐狸假借老虎威风的语言和动作,引导学生读好、演好,真正走进狐狸和老虎的内心,明白狐狸刚开始假借老虎威风的虚张声势,到老虎被蒙住后的如负重任,再到带着老虎到百兽面前走得得意洋洋,到最后拓展在生活情境中对"狐假虎威"的理解运用。如此,学生才是真正读懂了《狐假虎威》,"狐假虎威"一词才会真正地留在学生的心里。

2. 围绕同义词串

低年级很多文章的结构是反复的,因其可预见性,特别受低年级学生的欢迎。不过,这样的文章,学生也容易关注情节变化,对文中表述的用词变化缺乏关注。而这些变化词汇,往往在表情达意上起着重要的作用。

《咕咚》一课,故事的前半部分,小兔子听到"咕咚"声,是吓得"拔腿就跑";小猴子是一听小兔说"咕咚可怕极了",就"跟着跑";狐狸、山羊、小鹿等听见小猴的叫声,是"一个跟着一个跑"。

教学时,就可围绕这个"跑"字展开。大家都在"跑",可是这个"跑"动作背后又有什么不同呢?小兔"吓了一跳,拔腿又跑"说明兔子胆小,听到"咕咚"声后受了惊吓,不够镇定,没有去探究事情的真相就赶快跑了。小猴子、狐狸、山羊、小鹿等是人云亦云,人家说什么就信什么,人家做什么就跟着做什么,是典型的不动脑子、盲目跟从。当学生理解词义后,再联系生活,让他们说说在生活中自己或他人有没有盲从的时候,将课文主旨拓展到生活应用。

歌德曾说过:"内容人人看得见,含义只给有心人得知,形式对于大多数人而言是一个秘密。"对于处在学习阅读起步阶段的低年级小学生来说，不管是阅读教学的内容、文本的主旨，还是语言的形式，教师都要给予充分关注，积极引领，在教阅读的过程中注重发展学生的思维能力，让学生的学习走向智慧。

指向理解的提问

低年级"智趣"阅读课堂，倡导带着问题开展阅读，边读边思，边思边读。为的是给学生充分的自主阅读时间和空间，追求问题的质量，摒弃无效或低效问题对学生阅读的干扰。

事实上，在常态的低年级阅读课堂上，教师提问的数量是惊人的，平均每节课达 40 多个问题，平均每一分钟要提一个问题，且 70% 左右的问题都与死记硬背的知识记忆直接相关。试看下面两个教学片段。

案例回放及剖析

先看一个真实的课堂教学案例。

【案例】《雷雨》"雷雨前"教学片段

师：请同学们齐读第 1~3 自然段描写雷雨前的景象的文字，看图说说有什么感受。你是从文中哪个词或哪句话读出这种感受的？

生：我从"满天的乌云，黑沉沉地压下来"，感觉到很可怕。

师：（点击 PPT 出示这一句子）你能带着这种可怕的心情，读好这句话吗？

（生读）

师：我们一起来做个"压"的动作。假如现在有满天的乌云向你压下来，你有什么感觉？

生：很难受，感觉喘不过气来了。

师：谁能再读读？

（生个别读后，再齐读）

师：是呀，雷雨前，乌云密布，大地变暗，小朋友们都感到害怕，就连树叶和蝉好像也和我们一样。瞧——（点击PPT出示"树上的叶子一动不动，蝉一声也不叫。"）谁来读一读这个句子。

（生读）

师：你感觉到什么？

生：雷雨前很闷热，很安静。

师：忽然一阵大风，吹得树枝乱摆。（点击PPT出示这一句子）"乱摆"说明了什么？

生：风很大。

师：这一阵大风刮得蜘蛛怎么样了呢？

生：蜘蛛从网上垂下来，逃走了。

师：它为什么要逃，不待在树上了？

生：风太大，它害怕了，待不住了。

师：是啊，风太大了，蜘蛛也知道雷雨快要来了，很害怕，赶紧拉一条丝，垂下来逃走了。"垂"就是——

生："垂"就是落下来。

生："垂"就是掉下来。

师："垂"就是一下子的降落。好，谁来补充当时的情景？

（PPT出示句子："天上的乌云越来越_____，天空越来越_____，风越来越_____。"）

师：不仅乌云越来越多，天空越来越暗，风越刮越猛。雷雨前，还有什么越来越怎样呢？（PPT出示句子）"闪电越来越亮，雷声越来越响。"

（齐读。）

师：你发现什么了？

生：闪电越来越亮，雷声越来越响。

师："越来越"说明闪电亮的程度和雷声响的程度是随着时间而加大的。

这个案例，折射出哪些问题呢？

学习"雷雨前"的五句话，教师提了十个问题。这些问题有多大的价值？

回看这些问题，我们发现，绝大多数问题是可以不提的。这些细碎的、指向内容的问题或者是横插进来的令人摸不着头脑的问题，对学生的整体思维起着干扰作用。

对这些课堂问题进行归类分析，我们能发现以下几个比较普遍存在的问题：

1. 零碎问题多，核心问题少

"核心问题"是指那些能够统摄全文或能引导全程学习的问题。围绕"核心问题"展开的教学，就能保证学生有充足的时间进行充分的学习。相反的，"零碎问题"是那些逐字逐句零敲碎打的问题，学生的学习跟随问题亦步亦趋，倍感艰辛。整个教学环节里，十个问题都是零碎问题。

2. 分散问题多，关联问题少

以上教学片段里，问题虽然提了很多，仔细分析，大多是分散独立的，内部之间缺乏有效关联。也就是说，下一个问题不是针对学生上一个问题学习思考后的追问。教师并没有借助后面的问题，让学生更加深入地走进文本，从而领悟内涵，构建意义。片段里，教师让学生找出句子后，带着可怕的心情读句子，又引导他们绕回到"压"，再读。若前面学生已经能读出可怕，说明学生对"压"字是理解的，那后面教师再来解释"压"的意思，也就没有必要了。这样的问题设计，缺乏内在之间的有效关联。

3. 模糊问题多，清晰问题少

"模糊问题"指那些指向不明确的问题，学生听了，会有无所适从感。如片段二里学生齐读"闪电越来越亮，雷声越来越响"后，教师问学生"你发现什么了"，这就是一个典型的模糊问题。学生可以回答"我发现这个句子写了闪电和雷声"，指向对句子主体的关注；也可以回答"闪电越来越亮了，雷声越来越响了"，指向对事物变化的关注；还可以回答"我发现这个句子有两个'越来越'"，指向对语言特点的关注。这样的问题，表述就很模糊不清。

提问，不是为了灌输知识或者只是帮助了解课文内容。如此浅显直白的课文语言，学生都能读懂。这样的教学，只会压制学生的发展，无法帮助学生完善思维，无法赐予他们成长的力量。真正的理解，必须是学生自己开始思考，能把所学知识灵活运用，而不是死记硬背，固执于某种思维和行为方式。理解必然是和实际应用相结合的。

设计促进理解的问题

事实上，文字的内涵一定是由学生自己建构的，而不是灌输给他们的。正如杜威所言，教育者应该成为学习者的服务中介，帮助学习者实现发展理解的连贯性。课堂上，教师成为学生"服务中介"的有效方式之一就是设计能促进理解的问题。认真设计的问题，可以使学生注意力集中在教学内容的关键部分，在所有教学和活动中都起着重要的作用。学生借助问题走进文本，习得语言，领悟内涵，切实提升语文素养。

从问题的应答类型来看，有聚敛性问题和发散性问题两类。聚敛性问题的答案往往是简短的，考查的基本是识记和领悟。聚敛性问题通常属低层次思维。如《狐假虎威》一课，"这篇课文的主人公是谁"就是聚敛性问题。发散性问题的答案往往答案较长，且会有许多正确答案，考查的是学生的问题解决技能。发散性问题通常属于高层次思维。如《狐假虎威》一课，"狐狸是怎么假借老虎威风的？说说你的理由"，就是发散性问题。

聚敛性问题和发散性问题在教学活动中都发挥着重要的作用。学生回答发散性问题的能力，取决于他们对这一话题基本知识的理解情况，而理解的程度如何，是要用聚敛性问题来评估的。在低年级"智趣"阅读课堂中，指向理解的提问，两类问题都要兼顾。在问题设计时，以下策略可供参考。

1. 要设计核心问题

核心问题不是指向知识记忆，往往是"标明并向学生提示某种特定的认知操作"，它指向思维过程，是对知识进行系统加工、自主构建的过程。核心问题需要精心设计，要与核心学习目标保持一致。

统编二年级下册《狐假虎威》一课的教学就可以紧扣"狐假虎威"这个关键词设计核心问题。在学生理解"狐假虎威"的字面意思就是"狐狸假借老虎的威风"后，教学就可围绕"狐狸是怎么假借老虎的威风的"，从"用语言假借"和"用行动假借"两个层面展开。课文虽然自然段很多，但教学就会非常聚焦，学生就会学得自主深入。

核心问题的设计，可从三个不同的角度去思考。

（1）基于内容把握的核心问题。如上文中《狐假虎威》的"狐狸是怎么假借老虎的威风的"，此问题是聚敛性问题，旨在统整梳理课文内容，了解课文讲了什么。

（2）基于思想感情理解的核心问题。如二年级下册《祖先的摇篮》，就可设计"祖先的摇篮是个怎样的摇篮"。此问题是发散性问题，旨在理解把握课文内涵，触摸作者的写作目的。

（3）基于阅读策略学习的核心问题。如二年级下册《当世界年纪还小的时候》，就可设计"太阳、月亮、水为什么要学习这些本领"。此问题是聚敛性问题，考查学生是否能准确提取课文信息，并根据信息重组表达。

2. 要设计关联问题

问题化教学（PEI：Problem Enriched Instruction）是指以一系列精心设计的类型丰富、质量优良的有效教学问题（教学问题集）来贯穿教学过程，培养学习者解决问题的认知能力与高级思维技能的发展，实现其对课程内容持久深入理解的一种教学模式。

这种"有效教学问题"（教学问题集）强调的就是问题内在的关联性，要特别注意提问的顺序，问题的排列与学生认知发展先后顺序需循序渐进，能促进学生解释、验证、支持和重新回答。提问顺序为人们了解有效提问的组成提供了一个更加精确的视角。在发展教师提问、学生回答质量的能力和完善班级互动模式方面，可以说提问顺序比问题类型更加有效。

有效教学问题的设计，也是有章可循的。

（1）根据课后练习来设计。课后练习是教材编者精心编制的，参考课程标准的要求、学生语言学习的心理特点、文本的表达特点等多方面因素，是教师进行课堂教学的有效载体。利用课后练习设计有效教学问题是一条简便有效的路径。

统编一年级上册《青蛙写诗》一课，就可以设计问题集如下：

问题一，青蛙写诗的时候，谁来帮忙了？

问题二，小伙伴们都是怎么帮忙的？

问题三，他们帮忙的事情可以调换吗？

这三个问题的设计，层层推进，环环相扣，是学生了解内容、理解语言的支架，紧扣课后的两道练习题，保证本课语文要素落实到位。问题一回应课后第一题"朗读课文。说一说青蛙写诗的时候谁来帮忙了"，旨在提取关键信息，培养的是学生的阅读能力。问题二和问题三回应课后第二题"青蛙写的诗里有逗号和句号，请你圈出来"，此题是学习基本的语文知识：认识逗号和句号。

（2）根据语言理解规律来设计。学生学习语言、理解文本是有一定的规律的。一般来说，阅读文本发现文本的内容或语言的表达方式等；再联结回忆以往学习的相关内容；然后比较对照，哪些相似，哪些有差异，达成对本课学习的新认知等。

如果希望学生能在语境中分辨明喻和暗喻两种不同的比喻句，那么，关联问题的设计模式或者支架可以是这样：

观察类，你在"那棵枫树好像一把高大的绿色太阳伞"和"叮叮咚咚的溪流是一把竖琴"这两句话中发现了什么？

回忆类，你想到了哪些关于把一个事物比作另一个事物句子的特点。

比较类，这两个句子有哪些特点是相似的？

对照类，两者之间有哪些差异？

通过这样的问题集，推动学生不断发现、思考、完善和比喻句相关的知识，构建出关于比喻句的知识体系。

（3）根据学生现场表现来设计。积极听取学生的回答，及时将获得的回答融入后面的问题，由此提出后续的问题。这种追问式的问题，能促进学生反思自己的初始回答，帮助他们更好地理解，增加发现文本内容或课程内容所蕴含意义的可能性。

在学习统编二年级下册《祖先的摇篮》一课时，请学生自由读课文第2、第3小节，说说诗中还有哪些词告诉我们这只是作者的想象、猜测？一开始，学生会找出诗歌中的"问号"和"我想"，而遗漏"可曾"。因为他们对"可曾"这个词汇相对陌生，尚未能理解其义。教师就可通过学生的现场回答情况，进行追问，帮助学生明晰理解"可曾"的含义。

3. 问题表述要清晰

"教师表述问题的清晰度和明确性，将会影响学生答案的清晰性、明确性和一致性。"作为教师，我们应该慎重考虑提问的目的和措辞的严谨性。

（1）操作动词要准确。核心问题中的动词能够有效提示学生，让他们能敏锐地捕捉到思考的方向和内容。因此，在设计问题时，教师必须精心挑选包含认知操作的行为动词。如统编教材二年级下册《蜘蛛开店》一课，指向内容理解的核心问题是"蜘蛛开过哪些店？用波浪线画出店名。他开这些店的理由是什么？用横线画出相关句子"。这个问题中的行为动词是"画波浪线""画横线"。这样，学生就清楚地知道做什么、怎么做了。

（2）问题表述要简洁。冗长的表述，会让学生抓不住重点，不能很快明晰需要做什么。如有一位老师执教《揠苗助长》的第一个环节，他的本意是让学生自己读故事，了解故事的主要内容。且看，他的问题是这样提的：

同学们，今天我们一起学习一篇寓言故事《揠苗助长》。我们知道，寓言大多是借助短小精悍的故事来揭示一些精辟的道理。请小朋友打开课本，认真读读课文，争取把课文读通顺，想想读了这个寓言故事，你都有什么感受和收获？

因问题表述不够简洁，各种信息糅杂，"读通课文"连低层次思维里的回忆信息都算不上，而紧随其后的"有什么感受和收获"属高层次思维里的分析综合。完全不同的两种思维层次的要求，在初读环节里提出，且不说与自己的教学预想不吻合，让学生又该如何完成？学生读完后的回应，就只能东拉西扯，各说各话，整个教学环节拖沓且效率低下。

（3）问题指向要明确。有些问题虽然提得简单，但是指向不明确，学生不知道思考的方向，导致答非所问。

《荷叶圆圆》一课，在学"荷叶是小水珠的摇篮"这一自然段，老师提问："小朋友，你们怎么知道荷叶是小水珠的摇篮呢？"学生有的结合生活经验，说看到小水珠在荷叶上滚来滚去，和自己在床上滚来滚去一样；有的结合课文用词说，课文里小水珠说荷叶是它的摇篮，读了课文就知道了；有的纯粹天马行空地想象，说小水珠在摇篮里睡着香香的觉等。

其实，这个问题只要改成"小朋友，小水珠为什么说荷叶是它的摇篮？请你读读课文，从课文里找一找答案"，学生就会聚焦"躺"字体会小水珠在荷叶上的舒适和安心,如同宝宝躺在摇篮里一样。

（4）用词要易于理解。问题中所用的词汇要符合学生的年龄,易于学生的理解,若用词过于理性或成人化,离学生的年龄和认知有距离,就会导致学生不明所以。所以,教师必须要从学生的视角来看待问题。比如,和低年级的小朋友讲比喻句,就不能用"本体是什么""喻体是什么"这样的术语,而要用"这句话把什么比作什么"这样的表达。再如,想了解学生对某句话的理解,"这句话是什么意思"比"你对这句话是怎么理解的"更容易被学生接受。

当学生饶有兴趣地投入到自己的学习过程中,他们便成为更好的学习者,所学到的东西也会更多。如果说教学过程是理解性教学的核心,那么有效提问就是整个教学的生命线。

要素相同　教法不同
——以统编教材二年级下册"讲故事"为例

统编教材是围绕"语文要素"来编写的。一个语文要素,并不是在一册教材或一篇课文的教学后学生就能掌握的。同一个语文要素,往往呈螺旋上升的态势在教材里不断复现。教学时,一定要重视同一"语文要素"在本年级、本次教材甚至本课教学中的定位,采用适宜的教学方法。

如"讲故事"（中高年级是"复述课文"）的能力训练点,二年级是"讲故事",三年级是"简单复述",四年级是"详细复述",五年级是"创造性复述"。即便是"讲故事",在二年级两册教材里频繁出现,训练角度也是不一样的,层次也各不相同。

下面就以二年级"讲故事"为例,作具体的阐释。

"讲故事"内容概览

"讲故事",在二年级上册教材里,要求学生能够借助图片和关键的词句讲。如《小蝌蚪找妈妈》一课,要求学生把小蝌蚪长成青蛙的过程图片连起来,再讲一讲小蝌蚪找妈妈的故事;《玲玲的画》一课,要求学生试着用上"得意""伤心""满意"这3个词语,讲讲这个故事;《风娃娃》一课,要求学生根据"风娃娃来到田野""风娃娃来到河边""风娃娃来到广场"三句语言的提示讲故事。

二年级下册,不仅继续落实二年级上册的训练要求,且在能力训练上有螺旋式上升,并增加了新的讲述方法——借助词语讲、根据示意图讲、根据表格内容讲等。

综观教材,二年级下册"讲故事"所在课文、呈现方式、要求及要点如下:

课文	呈现方式	要求	要点
3. 开满鲜花的小路	泡泡提示	我能借助插图讲讲这个故事	借助图片讲
4. 邓小平爷爷植树	课后练习	借助插图,说说邓爷爷植树的情景	借助图片讲
6. 千人糕	课后练习	借助插图,说说米糕是经过哪些劳动才做成的	借助图片讲
14. 小马过河	课后练习	试着用下面的词语,讲讲这个故事(12个词语略)	借助词语讲
19. 大象的耳朵	课后练习	画出课文中大象的话,说说大象的想法是怎么改变的	借助关键句子讲
20. 蜘蛛开店	课后练习	根据示意图讲一讲这个故事(示意图略)	借助示意图讲
22. 小毛虫	课后练习	小毛虫经历了哪些变化?画出相关词句,借助提示讲讲这个故事(提示词句及图片略)	借助图文讲
26. 羿射九日	课后练习	根据表格里的内容,讲一讲这个故事(表格略)	借助表格内容讲

还不包括识字课中的讲故事,如《"贝"的故事》课后有"给家人讲一讲'贝'的故事"。也不包括教材中的想象拓展,如《沙滩上的童话》课后有"根据开头用上给出的词语编故事";《当世界年纪还小的时候》课后有"选一个开头接着往下讲故事"等。

把这8次"讲故事"按能力训练要点分类,可分为"借助图片讲""借助词语讲""借助关键句子讲""借助示意图讲""借助图文讲"和"借助表格内容讲"六类。"借助图片讲"二年级上册和下册的区别在于:二年级上册借助的图片是多幅图,更便于讲述,二年级下册的图片是单幅图,难度提升了。"借助关键词句讲"二年级上册和下册的区别在于:二年级上册要学生"试着用上"的词语数量很少,只有3个,二年级下册,达12个之多;二年级上册,讲故事需借助的"关键句子"一一列出了,二年级下册,需学生自己到课文里画出来,再进行讲述。因而,虽是同一个训练要点,但难度大大提高了。其他四类,是全新的"讲故事"训练方式,教学时,要重点给予指导。

"讲故事" 编排意图

统编教材如此密集地安排"讲故事"的训练内容,对学生"讲故事"能力进行多角度、多层次的训练,并不是突发奇想,为了求异出新,而是有其编排意图的。

一、体现课程标准的要求

课程标准是规定某一学科的课程性质、课程目标、内容目标、实施建议的教学指导性文件。课程标准是教材的编写指南和评价依据,是相对固定和稳定的。教材是一个课程的核心教学材料,教材编写必须依据课程标准。《义务教育小学语文新课程标准》第一学段阅读目标第4条"阅读浅近的童话、寓言、故事,向往美好的情境,关心自然和生命,对感兴趣的人物和事件有自己的感受和想法,并乐于与人交流。"第一学段口语交际目标第4条"能较完整地讲述小故事,能简要讲述自己感兴趣的见闻。"可见,课程标准对第一学段儿童阅读小故事后,要求"能较为完整地讲述","乐于与人交流"自己的阅读感受和想法。统编教材"讲故事"的内容编排，是对这几条目标的创造性体现。

二、回应现实生活的要求

口语，是人类最直接、最活跃、最频繁的交际形式。尤其是当今社会，已跨入了信息化时代，人们每时每刻都生活在纷繁复杂的信息交流之中。除了面对面交流，电话、QQ语音交流、微信视频聊天等，几乎把往日"鸿雁传书"之类的交际手段淘汰出局，口语交际的比重也成几何级数地增加。据专家统计，人们日常生活主要的交流方式中，听占41%，说占33.3%，读占16%，写占9.7%。能说会道，已然成为人们在现实生活中的一项基本技能。

三、满足自我表达的要求

人是有很强的社会性的，有表达和沟通的需要。一个话说得清楚，说得得体的人，会受到更多人的欢迎和信赖。能够在他人面前自信、自如地表达，也是儿童内在自我的需求。"讲故事"是一种能很好地实现自我表达的练习方式。首先，"讲故事"需要熟悉课文内容，熟悉课文的过程就是理清思路的过程，练习得多了，对学生厘清讲话思路极为有利。其次，"讲故事"能帮助儿童积累掌握大量的词汇，话是由词组成的，掌握的词汇量大，儿童表达时越准确、越生动。

"讲故事"还能有效训练儿童的心理素质，保证讲话时情绪的稳定。

"讲故事"教学建议

课程标准是教师教学的参考与指针，给教师指出了总的方向。教材是教师贯彻课程标准的桥梁，也就是说，教师通过教材这座桥梁，要反映和体现出课程标准的具体内涵。有人对课程标准、教材、教师和教学行为做了这样一个比喻：课程标准是旗帜，教材是旗杆，教师是扛旗的人，教学行为就是把旗帜交给学生、化为学生自身东西的方式、手段。

厘清了课程标准、教材和教师教学三者之间的关系，明确了二年级"讲故事"课程标准的目标要求和教材的内容方式，接下来，需要思考的是：该采用哪些教学方法，把"讲故事"这面"旗帜"交给学生、化为学生自身的东西。

建议一：立足课标与教材，不随意拔高要求

课程标准对低年级学生"讲故事"的要求是"较完整地讲述""简要地讲述"，也就是说，无需过度追求学生讲述故事的完整性和生动性，只要能大致讲出故事的主要内容，就值得肯定。事实上，统编教材在"讲故事"的能力训练编排上，也是独具匠心，单元与单元之间、册次与册次之间，形成了相互联系的有机整体：二年级教材安排借助图片等讲故事，三年级安排详细复述，四年级安排简要复述，五年级安排创造性复述。可见，学生"讲故事"的能力并不是在低年级就要一步练到位的。低年级，只是学习初步讲述，后面几年，还要继续练习详细复述、简要复述和创造性复述。

建议二：尊重教材编排，教授讲述方法

教材在引导学生学习讲故事的时候，使用的方式方法是多样的。小学低年级儿童的思维特点是具体形象性，并由具体形象性思维逐步向抽象逻辑思维过渡。统编二年级下册"讲故事"的内容编排，充分体现了这一学习心理。教材前3次是借助图片讲故事，中间两次是借助关键词句讲故事，后面3次是借助示意图、图文结合、表格讲故事，讲述形式从形象的图片到抽象的词句，再到综合的图表，对学生的能力要求在逐步提升。教学时，需尊重编写意图，尊重儿童学习规律，把每一课要求掌握的故事讲述方法练习到位。

建议三：做好前后承接，落实讲述要点

学生的学习，不是在做平面移动，如果今天的学习重复的是昨天的故事，缺乏对"最近发展区"的挑战，学生就会对学习内容丧失兴趣，参与学习的热情也会低落下来。因而，同一个讲述方式，教师要透过表象，看清其本质差异在哪里。如二年级上册第一次练习"看图片讲故事"是教材第一课《小蝌蚪找妈妈》，要求和图画内容如下：

《小蝌蚪找妈妈》课后练习　　　　　　　《邓小平爷爷植树》课文插图

提示语非常清晰，要求学生看着图片，讲一讲小蝌蚪找妈妈的故事。5幅图片清晰地描绘了小蝌蚪长成青蛙的过程，大大降低了学生讲述的难度。

到了二年级下册，同样是"看图片讲故事"，在《邓小平爷爷植树》一课里，课后要求是"借助插图，说说邓爷爷植树的情景"。插图的内容定格在小平爷爷给树浇水，至于邓爷爷如何挑选树苗、移苗入坑、挥锹填土、扶正树苗等，从图片中人物的动作，根本看不清楚。学生需借助图片，结合回忆课文对植树过程的描写及自己的植树体验进行讲述。这样看单幅图片的讲述比二年级上册的看呈现动作过程的图片讲述要难得多了。教学时，需引导结合看图进行联结、想象，方能把故事说清楚。

建议四：展开学习过程，突破讲述难点

学生"讲故事"的能力，不是靠老师教授了方法就能掌握的。语言的学习，一定是在言语的场域里练就的。课堂里，一定要给予学生足够的练习讲的时间，充分展开学习的过程，突破讲述难点。否则，再先进的理念，再精选的内容，也无法发挥作用。

例如《蜘蛛开店》一课，教材对"讲故事"的要求如下：

朗读课文。根据示意图讲一讲这个故事。

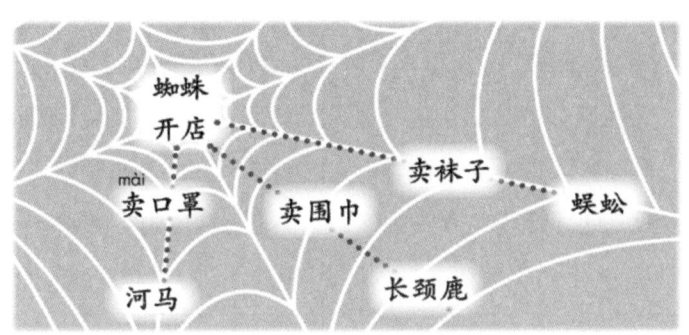

本课"讲故事"的难点在哪里？如何讲好一个故事片段？讲好了一个，其他的两个故事片段大同小异，完全可以"套讲"。因而，"讲故事"的重点应该放在指导学生讲好"蜘蛛卖口罩"这一故事片段。教学步骤可这样展开：

第一步，四人小组合作读，要求：1.每人读一个自然段，读完后用一个词说说这一段蜘蛛做了什么；2.围绕关键词，试着讲一讲自己读的这个段落；3.在作业纸上评一评小组成员的表现，读得好讲得好的得笑脸，反之是需努力。

第二步，反馈小组学习成果，请一组没有全部得笑脸的小组来汇报，结合指导梳理出每段的关键词"想卖口罩、挂招牌、织口罩、想卖围巾"，把动词"想、挂、织、想"板书到相应的网线上，为后面的讲述提供思路。

第三步，再请一个四人小组上台，每人一段讲一讲这个片段。根据学生表现，随机点拨。重点指导"挂招牌"和"织口罩"两段。"挂招牌"一段，可借助真实招牌，让学生看着讲，更具现场感。"织口罩"一段，重点讲好河马的嘴大，口罩难织，可抓住"那么大""好难织""一整天"等词语讲好，让人一听，就有"哇，这下，蜘蛛可亏大了！"的印象。

第四步，自己根据示意图独立练习讲述。

如此，学生既有独立讲述练习、小组合作的讲述练习，又有教师有针对性指导下的讲述练习，讲述的难点分解在各个步骤中，就不会产生太难的无力感。

建议五：注重合作学习，营造讲述氛围

"讲故事"是要有人听的，不管是小组里讲述练习，还是面对全班的讲述练习，都要强调"讲故事"的氛围，不可交头接耳，随意打断别人的讲述。低年级学生，光靠口头的纪律要求，往往是现在听了，等会儿忘了。教师可设计一些学习单，帮助学生自我监控及提醒同学。如《蜘蛛开店》一课练习讲述时，教师就设计了"在作业纸上评一评小组成员的表现"一栏，具体内容如下：

四人小组一人一段读"蜘蛛卖口罩（第 2~6 自然段）"部分，评一评。

评价＼人员	小组成员1	小组成员2	小组成员3	小组成员4
讲得好 ☺				
要努力 ☹				

低年级"讲故事"教学还需根据班级学生实际，读懂学生，尊重学生的学习起点和学习能力，课堂方能唤起学生的言说欲望，切实发展他们的言说能力。

文体相同　教法不同
——以低中年级古诗教学为例

低年级"智趣"阅读课堂非常重视儿童的学习兴趣、学习水平、学习能力。相同的文体，在不同的年级里，课堂教学的方法也是有差异的。

统编小学语文教科书里古诗词的篇目大幅增加，平均每个年级有 20 多首古诗词。这么多古诗词，在教学时，显然需要把握好不同年段的教学目标和要求，认真解读每课的语文要素，适时调整课堂教学的方法，让学生在学语言的同时，得到中华文化的熏陶,彰显古诗教学的深度、厚度和温度。

一、低中年级古诗教学的问题分析

我们先来看低年级(即第一学段,下文统称"低年级")和中年级(即第二学段,下文统称"中年级")古诗教学的两个案例。

【低年级古诗教学案例】

某区一位青年骨干教师执教统编教材二年级古诗《村居》,其教学流程如下:

第一环节:出示课题,了解作者。读准课题"村居",重点正音"村"是平舌音。再出示高鼎画像及简介——高鼎,清代诗人,字象一,又字拙(zhuō)吾,著有《拙吾诗稿》。请学生读一遍。

第二环节:自读古诗,识记生字。出示古诗,"拂、醉"等生字标红并注音。请学生自己读,要求读正确,读流畅。再出示"春风拂面""杨柳""堤岸"等带生字的词语,请学生读一读词语,记一记生字。

第三环节:理解诗意,想象说话。逐句读诗,让学生说说这句诗的意思,重点理解"拂""醉""忙"三个生字的字义,然后借助"我仿佛随着诗人来到春日的乡村……"句式练习说话。

第四环节:拓展阅读,练写汉字,拓展阅读杜甫的《春夜喜雨》,练习书写汉字"村"。

【中年级古诗教学案例】

某区一位中年骨干教师执教统编教材三年级古诗《望洞庭》,其教学流程如下:

第一环节:出示课题,认识诗人。读课题,给"庭"组词,借助甲骨文理解"望"的意思,简介刘禹锡。

第二环节:自读古诗,学习生字。结合"未磨""白银盘"等词语的正音,学习生字"未""磨"。再请学生个别读古诗,注意读准字音。然后出示2/2/3节奏的分隔线，按节奏读。

第三环节：分句理解，说说诗意。教师提示"诗中有歌，诗中也有画"，欣赏摄影师镜头里的洞庭湖和画家笔下的洞庭湖，读一读，想一想：这两幅画正好对应了诗中的哪两个句子，学习古诗的前两句，逐字逐词解释。借助"古诗后两句把什么比作什么"这个问题，引导学生说一说意思、读一读诗句，最后配乐朗读全诗。

第四环节：拓展诗句，学习写字。拓展阅读雍陶的《题君山》、张说的《送梁六自洞庭湖上作》，练习书写"磨、遥"。

以上两个古诗教学的案例，在一线课堂上，具有普遍性。这样的教学，折射出哪些问题？

1. 不符合课程表标准的要求

《义务教育语文课程标准》（2011年版）关于古诗教学，低年级的目标和要求是：诵读浅近的古诗，展开想象，获得初步的情感体验，感受语言的优美；中年级的目标和要求是：诵读优秀诗文，注意在诵读过程中体验情感，展开想象，领悟内容。

显然，从以上两个案例中，我们可以看出，教师在诵读、体验和想象上，用力不足，在诗意理解上却用力过猛；在拓展积累上则过于"随心所欲"，要求过高，忽略学生的接受能力和认知能力。

2. 不符合教材编者的意图

《村居》是统编教材二年级下册第1课《古诗二首》里的一首，另一首是《咏柳》；《望洞庭》是三年级上册第17课《古诗三首》里的一首，另两首是《望天门山》《饮湖上初晴后雨》。

《古诗二首》课后的练习与要求如下：1. 识记11个生字，学写8个汉字。2. 朗读课文，想象画面，说说诗句中春天的美景。3. 背诵课文。说一说，填一填。（　）莺飞（　），拂堤杨柳醉（　）。4. 读一读，记一记。"河堤、堤岸、杨柳、柳条吹拂、春风拂面、化妆、梳妆打扮"等带生字的词语。

《古诗三首》课后的练习与要求如下：1. 识记 7 个生字，学写 13 个汉字。2. 有感情地朗读课文，想象诗歌中描绘的景色。3. 背诵课文，默写《望天门山》；结合注释，用自己的话说说诗句的意思。

教材编者古诗选取和课后的练习设计都传递着编写理念和意图，传递低中年级古诗教学是有差异性的。以这两课为例，差异体现在以下几个"不同"里：

差异比较点		《古诗二首》	《古诗三首》
文本呈现	古诗数量	一课两首	一课三首
	注释	没有注释	有注释
助学系统	生字识写数量	识多写少	写多识少
	朗读要求	朗读课文	有感情地朗读课文
	想象要求	想象画面，说说诗句中春天的美景	想象诗歌中描绘的景色
	理解要求	不要求说出诗句意思	结合注释，用自己的话说说诗句的意思
	书面积累	积累生字组成的词语和经典的诗句	要求默写整首诗

而这些多角度的"不同"，在课堂中被忽略了，课堂呈现出的是更多的趋同性。

3. 不符合学习古诗的基本规律

在语言学习上，越是低年级的学生，越要重视语言的实践和语言经验积累，而不是理性的分析和解释。课程标准、教材安排都体现了这一规律，课堂教学，也要符合这一规律才行。可是，"出示课题，了解作者""自读古诗，识记生字""理解诗意，想象说话""拓展阅读，练写汉字"模式化的四步骤古诗教学方式，没有体现古诗学习重朗读、重想象、重体验的特点，且把不同年段的学习差异性淡化了，甚至完全抹掉了。这种僵化的、机械的学习模式，带来的学习成效可想而知。

二、低中年级古诗教学的改进建议

1. 把握课标要求

低中两个年段,古诗教学的目标要求是不同的,第一学段只要求"获得初步的情感体验,感受语言的优美",也就是说,在第一学段的目标中,只提出了诵读想象,感受语言美,并没有提出对诗文内容理解的要求。第二学段则要求"在诵读中体验情感,领悟内容",即要求学生把古诗诵读与情感体验结合起来,在此过程中,对领悟古诗的内容,对诗文的理解有了明确的要求。课堂上,要关注教学的边界,班级学生能接受,可适当提高点要求,班级学生接受不了,则千万不可拔高要求。

2. 领悟编写意图

领悟编写意图,首先教师要细读文本,想清楚编者为什么把这几首古诗组成一组,这些古诗之间内在有什么联系?课后的题目为什么这么设计,分别指向哪些语文核心要素?教师想得越清楚,课堂就会教得越明白,学生也就学得越有成效。

《村居》《咏柳》在题材上都是描写春天的景、物、事,是低年级儿童日常生活中喜闻乐见的。其次,两首古诗都易懂易记,学生容易唤醒自己的生活体验来想象说诗句中春天的美景。课后的练习设计,紧扣课程标准要求,只需学生读读,记记,想象画面说说美景。

《望天门山》《饮湖上初晴后雨》《望洞庭》,表面看,三首都是写景诗,但三首古诗真正写出的是诗人的风格气度。《望天门山》中"相对出""日边来"传神地描绘出诗人孤帆乘风破浪的情状,可以看出李白豪迈、奔放、自由洒脱、无拘无束个性和不愿意把自己局限在小天地里的广阔胸怀;《饮湖上初晴后雨》,从"晴方好""雨亦奇"这一赞评,可以想见在不同天气下的湖山胜景,更可看见诗人洒脱的性格、开阔的胸怀;《望洞庭》中"白银盘里一青螺",表现了诗人壮阔不凡的气度,寄托了诗人高卓清奇的情致。三年级的学生结合注释能用自己的话说出诗句的大致意思，不难。抓住这些关键词句"想象画面"，从而"领悟内容"（不仅仅是知晓内容）"体验情感"就有一定的难度了。课后的"感情朗读""想象诗歌描绘的画面""用自己的话说说诗句的意思"等练习设计，就是指向课标中年级古诗学习目标和要求的。教学时，切不可忽视这种低中年级古诗教学的差异。

3. 保障朗读时间

古人云："书读百遍，其义自见"。古诗教学，最经济也最有效的方法就是朗读。课堂里的古诗教学，首先应该放开手让学生尽情地去朗读。常用的朗读方法有：学生自由读、一联一联接龙读、男女生对读、全班齐读等。通过多形式的朗读，字音读准，整体感知。再让学生结合注释等，边读边初步感知诗意，亦可以让部分学生朗读，其余学生听读，师生评读等，适时表扬点拨，实现有情趣的朗读。若条件允许，还可以配乐诵读，根据内容配以相适应场景的音乐，在读的过程中，感受到古诗的画面美、语言美和音韵美。

4. 搭建想象支架

低中年级的古诗词教学阶段目标，除了重视"朗读"，还要重视"想象"。学习古诗，如何展开想象？不是说一句"请同学们展开想象"，学生就能展开想象的。想象的展开，是需要学习支架来支撑的。

支架一：借助事物展开想象。《村居》一课，学生多形式读准古诗后，请学生圈出古诗中写到的事物，老师再引导学生"好像也跟着高鼎，来到了乡村，看到了美丽的春景"，一一回放春景图里的事物：低头看到了绿草；抬头看到了黄莺；往小河边看到了翠柳，往河面看到了春烟；往远处看到了散学归来的儿童在放风筝。最后让学生想象，这些景物美在哪儿，用"我仿佛看到……"来说说想象中的"村居"美景。

支架二：借助语境展开想象。《望洞庭》的首句"湖光秋月两相和"宁静祥和的画面，三年级的学生很少见过，即便见过，也鲜有学生会用心体悟。教学时，为了让学生走进画面，教师可请学生闭上眼睛，配上轻音乐，缓缓描述："夜幕刚刚降临,月亮慢慢升起,洞庭湖上没有一丝风,显得那么平静,那么悠闲。抬头,一轮明月挂在天空,把它皎洁的光轻轻柔柔地洒在了湖面上,湖水就泛起淡淡的波光……"再让学生来说一说,听着音乐,想着画面,你有什么想说的吗?为后面的"镜未磨""白银盘里一青螺"的想象作好了铺垫。

支架三:借助动作展开想象。《江南》是一首乐府诗,江南的美好,游鱼的快乐,在一个"戏"中淋漓展现。教学时,就无须端正坐着,一遍遍地朗读,可以让学生站起来,边读古诗,边做鱼游动作,或往东,或往西,或往北,或往南,在动作演示中,想象体会游鱼的快乐,感受江南的美好。

支架四:借助图片展开想象。《惠崇春江晚景》是一首题画诗,诗人根据画作诗,读者根据诗再现画面。教学时,借助"诗中的一个个景物,构成了一幅幅生动有趣的画面。根据诗句的内容,如果让你把这一幅幅画面给画下来,你会怎么画?"这一主要问题,边读故事边想象,在交流中形成画面。

当然,搭建想象支架的方法还有很多,如配乐想象、对比想象等,只要符合儿童的学习实际,有利于学生展开想象,都是值得肯定和尝试的。

5. 渗透文化审美

诗文化深刻、生动地体现着中国文化的基本精神。诗文学是语言的艺术,是民族的精神和心灵史,也是文化的主要形态之一。小学的古诗教学,教师不应该就一首诗教一首诗,学生也不是就一首诗学一首诗。教和学的过程中,需要不断地联结内容,品味意象,丰富理解,提升审美。

低年级可以把学过的或者学生熟悉的古诗从主题或内容上进行回顾。如学《村居》,让学生先回忆古时候生活在乡村里的小朋友,会做哪些事呢?看画面,猜古诗,背诵《池上》《宿新市徐公店》《小儿垂钓》等古诗。

到了中年级,除了主题内容外,在语言艺术上、精神情感上都可做适当的对比学习或拓展迁移。如《惠崇春江晚景》,领悟"竹外桃花三两枝"一句,此处的"三两"并不是真的三朵、两朵,是表示数量少。"池上碧苔三四点""叶底黄鹂一两声"中的数字,也都有此妙用。教学时,引入这些诗句,有利于学生体会古诗中数字的妙趣。再如,欣赏历代著名画家创作的《春江晚景图》、欣赏书法名家的《惠崇春江晚景》作品等,都是在渗透文化的审美。

总之,低中年级的古诗教学,在遵循古诗学习基本规律的同时,还要注重年段差异,搭建各种学习支架,让学生的朗读想象、内容领悟、文化审美等均有迹可寻。

第五章 低年级"智趣"阅读教学的练习与评价

指向语言理解运用的课堂练习设计

一、指向语言理解运用的课堂练习设计是现实需要

众所周知,学生语言能力的获得,只有通过言语实践。

《义务教育语文课程标准》(2011年版)提出:"语文课程是一门学习语言文字运用的综合性、实践性课程。""重视学生读书、写作、口语交际、搜集处理信息等语文实践,提倡多读多写,改变机械、粗糙、繁琐的作业方式,让学生在语文实践中学习语文,学会学习。"

浙江省教育厅也于2010年颁布了《小学语文教学建议30条(试行)》,在第一板块"教学准备与设计"第6条中明确提出:"根据教学目标精心设计多样化的作业,合理安排书面作业、口头作业和体验作业。语文作业重在语言文字的理解与运用,低年级以单项作业为主,重在词语的理解、积累和运用,中高年级适当增加综合性作业,让学生在生活实践中运用语言文字。课内书面作业时间一般不少于8分钟。低年级不布置课外书面作业。"

不论是"标准"还是"建议",无不以制度的形式对一线语文老师课堂中的练

习设计与安排进行导向和规范：练习的形式必须"多样化"；练习的目的必须指向"语言的理解运用"；课堂练习的时间"不少于 8 分钟"。

但反观我们现今的小学语文阅读课，课堂练习设计偏离"语言理解运用"的现象仍不在少数，存在严重的现实不足，主要表现在以下三个方面：

（一）词句练习重"记忆"，轻"运用"

语言的理解运用离不开词句的练习，但不少老师在词句练习的安排上，习惯进行单项的记忆训练。如"听写"这一常用的教学方法，往往会一成不变地重复着"老师报词语，学生写词语"的方式。句子练习呢，无非冠之以"采蜜"等花样，让学生抄抄记记。日复一日，形式单一，枯燥乏味，而对于如何针对词语和句子让学生去领悟、内化、运用，则欠缺思考。学生会写词句，但不会运用词句的现象并不少见。

（二）文本理解重"问题"，轻"语言"

有人曾笑言，我们的小学语文阅读课是"问答课"，教师问，学生答，在问问答答中把一篇课文串讲完了。这一说法，虽然有些片面，但也在一定程度上道出了现今小语课堂的弊端——教师问题太多，而对文本语言的理解、运用方面，引领与指导过少。

（三）读写结合重"操练"，轻"言说"

读写结合是阅读课课堂练习的一种常见形式。但是遗憾的是，老师们在设计练习的时候，往往是基于"这里应该设计一处写话练习，让课堂显得张弛有度"，或者"这个语段的语言表达形式很有特色，可以让学生进行仿写"。却很少思考学生言说的兴奋点会在哪里，他们可以用怎样的语言方式来表达自己的想法。读写结合练习，缺乏具有个性的表达。

基于以上认识，笔者认为小学语文阅读课课堂练习的设计必须立足学生，立足课程，以"语言理解运用"为基点，让学生能学以致用，自主表达。

二、基于语言理解运用的课堂练习设计策略

（一）词句练习从"记忆"走向"运用"

语文课堂会有大量的、多种形式的词句练习，其目的是让学生学会运用语言。

1. 多维听写

词句"听写"是进行词句巩固的有效的练习方式之一。但是，假如一个词语，在听写时，只是教师报词语，学生写词语，那仅仅是单一的根据字音判断字形的练习。听写完全可以从多个角度进行，让其发挥明晰构词规律、理解词义构成词串、语境运用等更多的功能。

如二年级上册《坐井观天》一课中"无边无际"一词，如何在听写中达成训练目标的多元化呢？我们至少可以从以下几个角度去思考：一从"构词规律"角度听写，"无边无际"是一个"ABAC"式的形容词，形容范围极为广阔。像这样形容某种事物特点，且一、三两字是"无"字的四字词语还有哪些呢？学生略加思考，"无穷无尽""无声无息""无情无义""无法无天"等词语就会喷涌而出；二从"词义内容"角度听写，"无边无际"是形容范围的广阔，还有哪些词语也是形容范围广阔的呢？"一望无际""无边无涯"等，那与之相反的，又有哪些词语呢？"一席之地""弹丸之地"等，学生在理解词义的过程中，构建起了具有关联意义的词语仓库，为今后的提取运用进行了归类存储；三从"语境运用"角度听写，也就是听写带有"无边无际"的句子。听写的句子可以是课文里的，也可以是教师创编的。

当然，根据意思写词语等都是可行的、有效的方法。

2. 迁移理解

课文中的词语，学生学习后如果不能加以运用，那仍然只是一种语言符号，没有实现其语用的价值。课堂上，教师要创设多种渠道，让学生对学过的词语进行迁移理解，达到学以致用。如二年级下册《青蛙卖泥塘》一课里"烂"和"牌"两个带生字的词语学习。

师：你知道青蛙为什么要卖泥塘了吗？

生：因为青蛙住在烂泥塘里，他想卖掉泥塘搬到城里住。

师：哦，原来青蛙住的泥塘是一个"烂泥塘"。看看"烂"字，什么偏旁？

生："烂"是火字旁。

师：我们知道汉字的偏旁往往在告诉我们，这个汉字可能和什么有关。那"烂"字的火字旁，说明"烂"字和什么有关？

生："烂"字和火有关。我想到了火一直烧，一直烧，就把东西烧烂了。

师：是呀，"烂"就是指用火把东西煮透了。那这里是说青蛙的泥塘被火煮烂了？

（生有的捂嘴笑，有的干脆笑出了声音）

师：你们都笑了，看来不是。那你们觉得这儿的"烂泥塘"可能是什么样子的呢？

生："烂泥塘"就是都是烂污泥的池塘，很脏很脏的。

生：也有可能是乱七八糟的，一点都不漂亮的。

师：明白了，看来这个泥塘就是很差的、很不好的泥塘。这么糟糕的一个泥塘，难怪青蛙要把它卖了。

此环节的设计，紧扣"烂"，先理解"烂"的意思，再理解"烂泥塘"的意思，再让学生想象"烂泥塘"的样子，培养了学生对文字的敏感度，增强了对文字的理解能力，实现迁移，达成在真实生活情境中的运用。

3. 活用记忆

活用记忆最典型的要数"古诗词活用"。很多一线的语文老师，习惯于让学生背诵古诗、默写古诗，而为什么要背、要默，没有进行理性的思考，更多的是为了满足考试的需要。其实，背诵、默写古诗，其最重要的目的是要夯实学生古诗文的基础，提高鉴赏古诗文的能力，达到"熟读唐诗三百首，不会作诗也会吟"的目的。活用古诗词，主要有两种方法：

（1）应景活用。即根据具体的语言情境，让学生背诵或写出相应的诗句。如："到了瀑布脚下，捧着清澈的泉水，舒服极了。昂首仰望，瀑布倾泻而下，泼洒飞流，撞击在岩石的棱角上溅起朵朵美丽的玉花。望着这美丽的瀑布，我不禁想起——（　　　　　）这句诗来。"此时，"飞流直下三千尺，疑是银河落九天"这一诗句就不再是一种书面的符号，而是和学生的生活实际紧紧相拥，诗句从书本走向了学生的情感世界。

（2）"综合活用"。即根据同一风格，或者同一内容的一组诗歌，按照各自不同的侧重点进行综合整理，概括活用。如复习以"春天"为主题的古诗，就可以这样设计练习：

在高鼎的《村居》里写到了春天，在贺知章的《咏柳》里写到了春天；在杜甫的《绝句·迟日江山丽》里写到了春天……

你能把相关的诗句背给同学听吗？

4. 情境运用

同一个词句在不同的情境中，其表达的感情或许会千差万别。同样的，在同一个语境中，可以用不同的语句来表达同一种情感。这种根据情境灵活运用语言是学生需要具备的一种能力。

二年级下册《大象的耳朵》一文中有"耷拉"一词是理解课文的关键。教学时，就要巧加设计，引导学生理解其义的基础上进行迁移。

师：耷拉是什么意思？

生："耷拉"就是挂下来的意思。

生：也可以说是垂下来。

师：对，耷拉就是松弛地挂下来、垂下来的意思。那生活中你见过什么东西是耷拉着的吗？

生：被老师批评了，我的脑袋就会耷拉下来。

生：夏天，被太阳晒伤的花朵也会耷拉下来。

生：《揠苗助长》里的禾苗被那个农夫往高里拔后，禾苗就耷拉下来了。

师：课文中什么东西耷拉下来？

生：课文中是大象的耳朵耷拉下来。

这样在情境中进行词义理解、语言练习，更利于学生对词语的理解和运用，领悟文章的主旨。

（二）文本理解从"问题"走向"语言"

小学语文阅读课被人诟病为"问答课"，一定程度反映出了我们小学语文阅读课的弊端：教师问得多，学生自己思考、自己发现、自己领悟得太少。而且教师的问题多半指向文本内容，而非文本语言，这有悖于阅读教学的本质。欲要解决这一现实不足，最有效的方法就是把文本还给学生，让学生在朗读中与文本直接对话，在此基础上去发现、去体悟、去活用，把文本语言通过课堂练习内化成自己的语言。

1. 朗读—参照—发现

拿两个以上的文本互为印证、互相阐释，在比较的过程中发现不同文本所体现的不同色彩、质感和情调，从而发现文本语言的精妙与妥帖。参照的文本可以是教师自创的，也可以是作品的初稿，甚至是同一文本中的不同描写。

如二年级下册《当世界年纪还小的时候》一课中，写"太阳""月亮""水"学习生活的本领三个自然段。三种事物，三种写法：写太阳学生活的本领，先写学会的本领是"上山下山"和"发光"，再写学这两项本领的原因"尝试过学别的本领，都没有成功"，最后举了太阳学唱歌的例子来具体说明；写月亮学生活的本领，一开始就写"月亮不知道自己该学些什么"，然后写它反复摇摆，最后点出月亮学会的本领是"不断变化"；写水学生活的本领，直接写水学会的是流动，因为只有一种方式，那就是不断地往下流……这三段话，写法上有相同点，也有不同点。相同之处都是清楚地写出"谁学会了什么本领"以及"它为什么学习这项本领"；不同之处是事物学会的本领不同，写法略有不同。对于这三段文字语言表达上的秘妙,教师可让学习读后互相参照。在对比中,让学生去发现。学生若能体悟到其相同和不同之处,文本的精妙已然掌握,若再让他们学习文本的写法,写一写"当世界年纪还小的时候,还有什么事物学会了哪种生活的本领",他们写起来也就有模有样,章法具备了。

2. 朗读—还原—体悟

引导学生把文本存在的状态和文本生成的状态进行比较,让学生的情感世界深入到与之对应的隐性文本上,从而促进对文本的深刻理解。

一年级下册《咕咚》一课的故事发展,紧扣"跑"字展开:小兔子听到木瓜掉进湖里的"咕咚"声,吓得"拔腿就跑"。小猴子"一听"小兔子的话,就"跟着跑起来";狐狸、山羊、小鹿、大象,"听了"小猴子的话,"一个跟着一个"跑起来……故事中,大家"跑"的原因是不同的,小兔子是因为胆小,听到声音不敢去查看事情的真相,吓跑的;小猴子是听信小兔子的话,没有去查证,就跟着跑;狐狸他们是听信小猴子的话,不动脑子,盲目跟从。教学时,就要紧扣"跑"字,带领学生走进故事发生的现场,走进人物的内心,去还原人物行为背后真实的想法,方能体悟故事背后的内涵。

3. 朗读—背诵—活用

很多文本,因其是白话文,内容本身学生一读就能懂,不需要过多的解释和说明。但是,文本语言带来的节奏和音韵感,却是非通过朗读而不能感悟的。这样的文本,让学生读一读,背一背,用一用,文本的精髓也就能融入学生的知识体系中了。

二年级下册《找春天》最后一段:"春天来了!我们看到了她,我们听到了她,我们闻到了她,我们触到了她。她在柳枝上荡秋千,在风筝尾巴上摇啊摇;她在喜鹊、杜鹃嘴里叫,在桃花、杏花枝头笑……"

这段话,像音乐一样,运用相似的句式、轻快的节奏,把春天来临带给我们的快乐酣畅淋漓地表达出来了。学生朗读后,教师通过填空形式帮助他们背诵:

"（　　）来了！我们（　　　）了她，我们（　　　）了她，我们（　　　）了她，我们（　　　）了她。她在（　　　），在（　　　）；她在（　　　），在（　　　）……"

等学生能熟练背诵了，再让学生跟进做一个练习：除了春天来了，还可以是什么来了呢？请你能根据生活实际，来说一说，用一用。当学生能把其他三个季节或某个节日来临时，用以上的语言形式自如地表达出来，这样的语言学习不就活了吗？

（三）读写结合从"操练"走向"言说"

"读写结合"如今似乎已成为阅读课的一大"法宝"了。在阅读课中，没有读写结合的练习仿佛就是一节不完整的阅读课，就不能有效地体现教师对文本的深入解读和深度开发。的确，读写结合能够有效地促进学生对文本的理解，释放学生的课堂情感。但是也要警惕，"读写结合"如果仅仅为了"结合"而结合，脱离学生的内在心理需求，沦落为语言操练那就不可取了。

低年级的学生学习书面语言，多以模仿为主，让他们能够在规范的基础上表达自己的真实想法是一条切实可行的语言学习之路。

如一年级下册《胖乎乎的小手》一文中，有一个句式"这胖乎乎的小手帮（谁）（干什么）。"课文中是帮爸爸拿过拖鞋，帮妈妈洗过手绢，帮奶奶挠过痒痒，除了这三个人，还会帮谁做过什么事呢？除了家里人，到了学校，又会帮谁做什么事呢？在社会上呢，又能帮谁做什么事？把学生的视野逐步从家、学校到社会拓展开。这样，虽然是一个简单的规范句式，但是学生打开的思维空间是广阔的。在此基础上，可以再提高："这（怎样）的小手帮（谁）（干什么）。""这（怎样）的（什么）帮（谁）（干什么）。"

总之，低年级"智趣"阅读教学的课堂练习设计，必须以"语言理解运用"为基点，正所谓"讲之功有限，习之功无已"。

低年级复习阶段的作业设计

随着新课程不断向前推进,很多一线语文老师对新课程理念的理解越来越透彻,实践的经验也越来越丰富,尤其是语文课堂教学的结构和学生课堂学习方式的变革。但在课后作业的布置上,确实仍然存在着许多"穿新鞋走老路"的现象。尤其到了复习阶段,为了查漏补缺,不少老师会秉持"广撒网才能多捕鱼"的理念,进行大面积的重复抄写背诵等。这种含金量极低的绝大多数是简单重复的抄抄、写写、读读、背背的课外作业,让学生完全丧失了主动选择的权利,处于被动机械的操作状态。如此"只有压力,没有魅力"的作业负担,牺牲的不仅是学生学习的积极性、灵活性和创造性,而且很容易使学生诱发对作业、对学习产生厌倦的心理。

作为语文老师,我们心里都很明白,语文学科是非常重视平时的积淀的。光靠复习阶段的"临阵磨枪",学习的效果毫无疑问将是极其低下的。那平时我们该如何引导学生练足功夫,在复习阶段又如何充分利用课外时间,让学生有所提升呢?今天,我提一点自己粗浅的思考,与各位同行交流。

一、积极转变复习阶段的作业观念

转变教师自身的作业观念是作业改革的前提。教师要明确作业不仅仅是学生"按老师的要求巩固课堂上已经学过的知识",而且是一个完全自主学习过程。作业的主体是学生。只有学生积极投入,才能使作业的成效达到最大化。在这个过程中,不仅是为了巩固和掌握语文的知识、技能,更重要的是为了掌握学习的方法,发展自己的能力,培养良好的自学习惯。这样,教师才能真正引导学生从自身的实际出发,把作业同自身发展联系起来,有目的地进行主动学习,避免机械重复的抄写等无效劳动,花较少的时间获得较大的效益。

复习阶段，为了避免课下各科复习的碰撞，应尽量要求复习任务在课上完成，课下时间让学生自由支配。尤其是书面作业更要尽量少布置，不动笔就能掌握的，绝不要强求动笔。如果确实需要布置书面作业的，布置作业要选准方式，分层要求，绝不能一刀切。

二、合理安排复习阶段的作业内容

（一）识字写字作业

识字写字的作业主要分为两大部分，一是单个汉字的正确识写，二是词语的识记和运用。

1. 单个汉字的识写要明确识字写字的"盲点"和"难点"

新课程倡导汉字"识写分离""多认少写"。复习时，要针对学生在识字写字方面暴露出的"易错字"和"难点字"着重讲解，而且要请学生及时在生字表里用圈圈出，牢记并经常主动地进行自主复习（即用适合自己的方式，在自己认为该复习的时候进行复习）。

如"爽"，对学生来说笔顺是"盲点"，把字写美观和确定部首是"难点"。教学时，教师就要舍得花时间进行示范，让学生亲自实践，然后通过阶段听写来检测学生生字词的掌握情况。这样，学生机械抄写的作业量会大大降低，在锻炼自学能力的同时，也赢得自主发展的时间。

2. 词语作业不搞"一刀切"，实行分层作业

长期以来，一些教师认为，他所要做的就是自己好好教书，学生们自然就会好好学习，忽略了每个学生具有不同的特点这一事实，作业的布置习惯于"一刀切"。但事实上，由于班级学生的语文水平不可能完全等同，学生学习语文能力有一定的差异，因此，即便是词语作业，也不能对学生等同对待。"一刀切"的"抄写词语多少遍"的作业，不能满足学生个体的需求，达不到真正的作业目的。因而，

词语作业布置，教师既要有统一目的、要求，又要"因材"布置。

例如，统编义务教科书二年级上册《妈妈睡了》一文，课后有这样一道练习题"读一读，照样子说一说，看谁所得多"，给出的词语样例是"明亮的眼睛、水汪汪的眼睛、乌黑的头发、波浪式的头发"，请学生填写"（　　　）的眼睛、（　　　）的头发"。此种类型的练习，在复习阶段就可分层设计为两组作业：

A组：照样子说一说或写一写词语。如"圆溜溜的眼睛、花白的头发"等，旨在积累巩固词语；

B组：选用书上或自己写出的某个词语，说或写一句话。如"小妹妹的眼睛水汪汪的，真好看！"旨在积累运用词语。

这样的词语分层作业，它的底线要求就是积累本课中用得好的词语，对于文中的词语已经能准确识记的学生，则提出更进一步的要求，能用上文中的部分词语进行写话，让这批学生也实现"最近发展"的需求。

（二）阅读练习作业

学生阅读能力的培养主要通过两个途径，课内阅读与课外阅读。课内阅读的优点与不足主要有：课内阅读重在通过课堂教学培养学生的阅读兴趣、阅读能力和阅读习惯。其不足之处主要有：一是课堂教学中的阅读，基本针对国家统编教材，内容相对固定；二是目前仍是班级授课制，在具体指导上较难满足学生个体的阅读差异。课外阅读则内容丰富多彩，多种多样，学生可根据兴趣和喜好自由选择。就重要性而言，课内阅读是主体，课外阅读是补充。但就效果而言，课内阅读是准备，课外阅读却是应用。

作为一名语文教师，在教学过程中最为苦恼的，怕是学生的阅读能力徘徊不前。课堂上，也在教授学生阅读的策略和方法，学生每天都在进行阅读实践，相关的阅读练习题也没少做，所用时间不少，花费精力也很大，可是为什么学生的的语文阅读水平却迟迟不见提高？这种结果的出现，和阅读指导不得法有关，也和老师只注意课内阅读，而忽视课外阅读有关。复习阶段，只有立足课内阅读，放眼课外阅读，将两者密切结合，才能使阅读能力的培养取得更好的效果。

1. 课内阅读，凸显规律，实现迁移

学生的阅读理解能力是在自主的语言实践中逐步提高的，尤其到了复习阶段，不要只顾着阅读量和阅读面，一厢情愿地认为这一类阅读题学生接触过，他们就一定会在质量监测或今后的学习中应对自如。

阅读能力提升的关键是让学生通过自主的学习，理解文本的思想内容，并在自学实践中逐步提高理解能力。因此，阅读作业的练习和设计不在于多少，而在于是否让学生领悟，并达到迁移的目的。

词语和句子的教学任务主要有这几个方面：理解、积累和运用。

理解，可以引导学生自觉运用查字典、联系上下文、结合生活实际等方法准确理解词语，运用联系上下文和生活实际的方法理解含义比较深刻的句子。

在理解的基础上，通过背诵、摘抄等形式，积累课文中的优美词语、精彩句段，积累在课外阅读和生活中获得的新鲜语言材料，同时培养对好词佳句的敏感，养成积累词句的习惯。

在练习作业中，合理选择词、句练习内容，落实词、句训练的基本要求，扎实进行基础训练。词、句的积累关键在于教师的引导。引导得好，会使学生的语言积累更符合学生的不同情况，而且养成主动积累的习惯，对丰富学生的语言积累和今后的学习是终生受益的。

还有一些关联词、重点词以及比喻、拟人等不同修辞手法句式的练习，也是非常重要的。如用"像"写一个比喻句，仍然会有学生写"我长得很像我爸爸"。这就是学生并没有真正理解比喻这个修辞手法的关键点——把一种事物比喻成另一种事物，而不是同一类事物进行比较。复习时，教师要针对这类学生理解上的关键点，予以重视、强调，并设计相应的练习进行语言训练和巩固。

2. 课外阅读，激发兴趣，提升能力

培养学生的阅读兴趣和阅读能力是课外阅读的终极追求目标。如果一个学生具备浓厚的阅读兴趣和相应的阅读能力，无疑为今后的学习开辟了一条广阔的求知道路。作为语文老师，责无旁贷，应该是这条道路的开拓者。即便到了复习阶段，也要督促学生坚持"每天阅读""随时阅读"的好习惯。

（1）凭借教材，激发阅读兴趣。教师要善于针对教学实际，对本册教材中相应内容的课外拓展阅读，进行归类整理。复习时，组织学生有主题地进行阅读，努力扩大阅读面，增加阅读量，少做题，多读书，读好书，读整本书，加强阅读积累。如二年级下册第八单元，人文主题是"世界之初"，就可以推荐更多"当世界年纪还小的时候"的诗歌、故事、神话，让学生自主选择阅读，使其基于课本知识得到拓展和延伸。

（2）帮助选择，避免阅读盲目。小学生求知欲旺盛，但缺乏辨别是非的能力。面对浩瀚的书山文海，他们往往会不知该如何选择。教师应根据学生的阅读能力、思想状况、年龄特点、兴趣爱好和教育需要，认真地帮助他们选择有益的读物。一般来说，教师推荐书籍可以根据"快乐读书吧""和大人一起读""我爱阅读"等的内容，阅读的难度不要过低，也不要过高。阅读能力的训练点，紧扣语文课程标准的年段目标和要求及本册教材的语文要素即可。

（3）渗透课外阅读的一些基本方法。虽然是低年级学生，课外阅读强调"无压力阅读"，但是对其阅读习惯的培养、阅读方法的渗透，还是有必要的。如阅读必读书目的过程中，让学生在阅读的同时做做摘录、写写随想，真正让学生在课外阅读中获取知识、提高能力。复习阶段，可以有针对性地组织读书交流活动，帮助学生自我检测阅读的成效。

（4）积极和家长沟通，搭建亲子阅读的平台。当今，"书外的世界很精彩"，电脑、电视、电玩……每一样都比书更吸引小学生的眼球。如果没有家长的积极引导和良好的家庭阅读氛围，对孩子来说，要小学生具备良好的阅读习惯，那是很困难的。所以，教师要通过家长会、书信、短信平台、亲子阅读等多种渠道和多种方法与家长反复沟通，使班级里的每一个家长明确培养良好的阅读习惯是送给孩子一生最好的礼物，家校合力，共同打造良好的阅读氛围。

（三）写话作业

写话是习作的基础。小学生从写自己想说的内容到尝试运用积累的语言表达自己的感受，再到懂得写作的意义、积累写作素材，是一个循序渐进螺旋上升的过程。没有低年级的语言积累和基础写话练习，到了三年级，学生进入习作，往往会表现出各种不适：因语言积累少且不会运用导致语言表述单一、不完整，因观察不够细致而难以在身边找到想写、能写的内容。

1. 重视写话内容的储备，强调写话的真实性

学生写话的内容是在日常生活、学习中积淀和发酵的，而非在期中或期末时，突发奇想、临时性地布置学生进行课外写话，导致学生心理上对"写什么"缺乏心理准备，只能以应付的态度对待教师的突然袭击，达不到理想的复习效果。

相反地，如果老师日常生活和教学中，经常和学生进行沟通，指导学生留心那些学习、生活中有趣的、有意思的事情，并在参与事件的过程中，引导学生用心去体验。如此，到了复习阶段，因平时拥有充足的写话内容储备、充分的情感体验，学生对写话也就不会畏惧，基本能做到文句通顺、表达清晰。

2. 鼓励学生大胆想象，强调写话的个性和灵性

低年级的写话教学，在重视规范性的同时，也要重视学生语言表达上的个性和灵性。不要因为强调规范，演变成写话结果的"千人一面"。尤其在复习阶段，警惕进行简单的句式操练。

教师要从写话的内容出发，关注学生心理发展和思维发展。即使同一个写话的话题或同一张观察的图片，学生写的话也是富有个性、风格迥异的。这样的写话才是一种精神上的至高享受。一次，我用一节课的时间对学生进行了看图作文的检测，结果学生的习作远远超出了我的预想。同样的四幅图，图意分别是：（1）小树被风吹弯了腰；（2）小树被雨打得枝叶下垂；（3）太阳出来了，一条毛毛虫向小树爬过来；（4）小树被毛毛虫吃得只剩下一个树桩。

结果学生从不同的视角，用不同的主题，完成了这次写话练习。而且，他们的想象又是那么符合图意，令我欣喜不已。

学生写话作业一

骄傲的树

二年级　陈壮壮

从前，有一棵天不怕地不怕的树。

秋天到了，风呼呼地吹，把树的腰都吹弯了。风婆婆说："孩子，秋天到了，让我把你的叶子吹落。"树哈哈大笑地说："风婆婆！不要你多管闲事。"风婆婆叹着气走了。

秋天快要过去了，雨哗哗地打下来，把树的叶子都打得垂了下来。雨公公好心地说："孩子，让我帮你把叶子打下来，不然，到了冬天，你会因为缺少水分而痛苦的。"树生气地说："雨公公！不要你多管闲事。"雨公公叹着气走了。

冬天过去，春天来了。太阳高照，树熬过了冬天，他觉得自己是最强大的，什么都不怕。这时，一条又细又短的毛毛虫看见这棵满是叶子的树，高兴地爬了过去。毛毛虫爬到那里说："哇！好茂盛的树，我可以饱餐一顿了。"毛毛虫爬到树身上，张开嘴巴，一口一口啃了起来。

没过多久，毛毛虫就把树啃得只剩下一棵树桩了。

学生写话作业二

可怜的树

二年级　马晓倩

我是一棵小树。这一天，刮起了可怕的狂风，把我的身子都吹弯了。我咬着牙挺立着。终于，狂风停了。

不久，天又下起了暴雨。雨点打在我身上，好疼啊！但我仍然坚持着，勇敢地站着。终于，雨停了，我非常高兴，终于挺过了难关。

这时，一条小毛毛虫笑眯眯地向我爬了过来，对我说："树大哥，我一路走得太累了，希望你能让我到你的身上休息一会儿。"我说："好吧！你上来吧。"毛毛虫边爬边说："谢谢！"

谁知道，小毛毛虫爬到我身上后，就猛咬了我一口。我才意识到它不是来休息，而是要吃掉我。可是我知道得太晚了，毛毛虫一口一口地咬着我的身体，不久，我被咬成了树桩。

从此，我永远成了一棵树桩。

3. 运用现代网络平台，集合家长评价资源，满足学生写话的成就感。现在，网络已进入城市的普通家庭，家长对孩子的教育又是空前的关注，集合家长的写话评价资源，鼓励家长参与学生写话的评价，对学生写话兴趣的激发起着重要的推动作用。同时，在彼此的相互学习中，潜移默化，对学生写话技能的提升也是一种很好的方式。如：陈壮壮的写话《骄傲的小树》，发到班级微信群后，家长和同学都阅读并参与点评。有的家长点评道："用拟人的手法表现了树的骄傲，对一个小学生来说，已经是那么棒了！点赞。"小静留言："壮壮的故事很有趣，我好像看到了这棵骄傲的小树。"露露留言："壮壮写出了大树的骄傲，还让人明白了一个道理。"这些积极的正面评价带给学生的，是极大的鼓舞。在这样的氛围下，孩子们还会怕写话吗？

当然，复习阶段的作业还包括口语交际、实践性作业等，教师都可根据班级学生的学习实际按需设计。

若教师有心改革复习阶段的课外作业，让我们谨记：这一改革必须以转变教师理念为前提，以明确作业目的为基础，以发挥学生自主为原则，以调动作业兴趣为保证，兼顾课内与课外，这样语文课外作业才能真正成为学生学习语文的过程，成为学生发展的过程。

活动化学评案例
——杭州市长寿桥小学一年级非纸质学评方案

2016年秋季始,统编小学语文教材在浙江省率先使用,在新理念的指导下,杭州市下城区所有小学对"低年级非纸笔项目式测评"进行了深入研究。杭州市长寿桥小学等一批学校非纸笔项目式学评做得很有特色,得到了省、市各级部门及社会的肯定。

现以杭州市长寿桥小学一年级的"'浓情端午送安康'——杭州市长寿桥小学一年级非纸笔项目式学评"为例,管窥非纸笔项目学评的操作。

品味浓情端午　感受传统文化

"浓情端午送安康"——杭州市长寿桥小学一年级非纸笔项目式学评方案

（简化稿）

一、学评活动目的

端午节传承着中国几千年来的传统文化。可近年来,学生对端午节的认识仅仅停留在初步知道屈原生平以及这天要吃粽子,对端午节的传统文化了解得一鳞半爪。为了留住传统文化的根,传承中华民族优秀传统文化,让学生感受端午节的文化魅力,同时也为了引导学生关爱他人、感恩他人,增强民族自豪感和自信心,今年的端午节我们开展主题为"品味浓情端午　感受传统文化"的非纸笔项目式学评,让端午传统节日文化成为引领学生价值观的先进文化。

项目式学评指利用项目式学习来开展非纸笔测评,即以学生为中心,围绕学校育人主题,设计基于课标和学情的真实情境任务,制定等级化、描述性的评分标准,观察并描述学生个体及其团队在任务解决过程中所展示出来的解决问题策略和表现,以此来评价学生的不同水平,并给予个性化的指导、跟进和帮助。

二、学评活动流程

学生以5~6人为单位参加测评活动,具体流程见下表:

篇章	流程	考察学科
前期	1. 各班利用语文课、班队课,向学生讲述端午节的文化内涵,包括它的由来、习俗以及文化意义等。 2. 活动前一天,学生自由组成 5~6 人小队,推选好队长。	语文(了解中国传统民俗文化、学习表达与倾听) 道德与法治 数学
买材料	8:35~9:10 班主任老师出示并讲解第一张任务卡。(每组一张) 任务卡(一) ※ 小队合作,外出到操场购买香粉和准备送安康的香袋。 ※ 每人都带了 10 元钱(代币,其中 1 张 5 元,4 张 1 元,2 张 5 角),支付时请计算正确。 ※ 公共场所请小声讲话,不影响他人。 ※ 路上注意安全,文明有礼。 ※ 用时 30 分钟。 香袋分米白、橘黄两种颜色,橘黄 3.5 元一个,米白 3 元一个。购买香袋,赠送无纺布袋子。	数学 语文(表达与倾听) 道德与法治
做香袋	9:10~10:00 回到教室,领取第二张任务卡。 任务卡(二) ※ 先观看制作香囊的视频,然后看着图解(电脑展示)和任务卡,小组合作制作香袋。 ※ 看提示,用天平称出每个香囊要放的弹力絮重量。	美术 科学 语文(阅读与理解)
送祝福	10:00~11:20 任务卡(三)(贺卡形式发给学生) ※ 小队合作,商量、彩排送祝福的节目。 ※ 祝福里要包含用英语介绍贺卡上粽子颜色的环节。 ※ 准备时间为 15 分钟。 ※ 小队上台表演节目,并送上祝福。 ※ 活动过程中注意文明礼仪以及团队精神哦。 ※ 活动结束后,小队进行讨论,把贺卡内容填完整。	音乐 英语 道德与法制 语文(语言表达与运用)

（续表）

篇章	流程	考察学科
快乐踩球	趣味任务卡 ※ 以小队为单位，安静有序到达指定地点。 ※ 踩球时连续踩球不掉球，精神饱满。 ※ 踩球结束后将足球放回原位。 ※ 活动注意安全、听从指挥。	体育 道德与法治
品粽子	午餐品尝热乎乎的端午粽。	道德与法治
谈感受	※ 参加完活动你有什么感受，和爸爸妈妈说一说。说说印象最深的事，说说自己做得很棒的地方。 ※ 跟家里的长辈介绍你知道的端午节。 ※ 为家里的长辈表演你准备好的节目。 ※ 向家里的长辈送上你的祝福。 ※ 请家长在班级群里拍照上传，截止到晚上9点。	语文（表达与倾听）

三、语文"表达与倾听"学评内容及标准

语文（表达与倾听）

A（低于标准）	B（达到标准）	C（高标准）
1. 书写较端正，努力写好每一个字。 2. 学用普通话与人交流，眼睛看对方，做到有礼貌。 3. 能大致说出自己的想法。	1. 书写端正，表达比较清楚。 2. 能用普通话交流，态度大方自然，音量合适，有礼貌。 3. 有表达的愿望，能够根据老师给的几个维度，写出自己的想法感受。	1. 书写美观，表达非常清楚。 2. 能用流利的普通话表达自己的想法，态度大方自然，音量合适，有礼貌。 3. 有表达的自信心，必要时借助动作让别人更清楚所要传递的信息。
评价： 1. 你能表达自己的想法，书写比较努力。 2. 你可以用普通话和同伴进行交流沟通，眼睛看着对方，很有礼貌也很大方，为你点赞！	评价： 1. 你能比较清楚地表达自己的想法，书写较端正。 2. 老师喜欢你说话的声音，你是一个有礼貌的孩子。	评价： 1. 你能清楚地表达自己的想法，书写美观。 2. 你是一个大方自然、有礼貌的孩子。讨论时，音量合适，有表达的自信和热心。为你点赞！

（续表）

A（低于标准）	B（达到标准）	C（高标准）
3. 在表达你的观点的时候，如果多思考一下，想好了再说，就可以说得具体一点。在和小组讨论时，如果声音再响一点，就更好了。期待你的进步！ 4. 尽量把自己的想法说得具体细致一点。如果有困难，可以一条一条的来说，这样就比较完整了。	3. 在和小伙伴沟通的过程中，你能勇敢地表达自己的观点。 4. 你能根据老师给的建议，说出自己的想法，而且又能和小伙伴们沟通合作，真棒！ 5. 有的时候，适当地去倾听别人的想法，也是一种交流的好方法！	3. 在和小伙伴交流的过程中，你很有自信地表达自己的观点。你也可以清楚、有条理地说出自己的想法，而且，你的肢体动作让同伴更清楚地接收到了所要传达的信息。 4. 你的想象很丰富也很合理。生活中，你应该是一个"小书虫"。你可以用准确合适的词语来说出自己的观点。真棒！

四、"祝福卡"样例

低年级语文教学质量监测样卷

统编版二年级上册语文教学质量评估检测卷
（时间：60分钟）

项目	识字写字	阅读积累	语言运用	总 分
成绩				
等级				

识字写字（50分）

一、把下面的汉字按结构分类写一写。(12分)

法　窗　扁　都　第　展　别　孩　底　邻　渴　茫

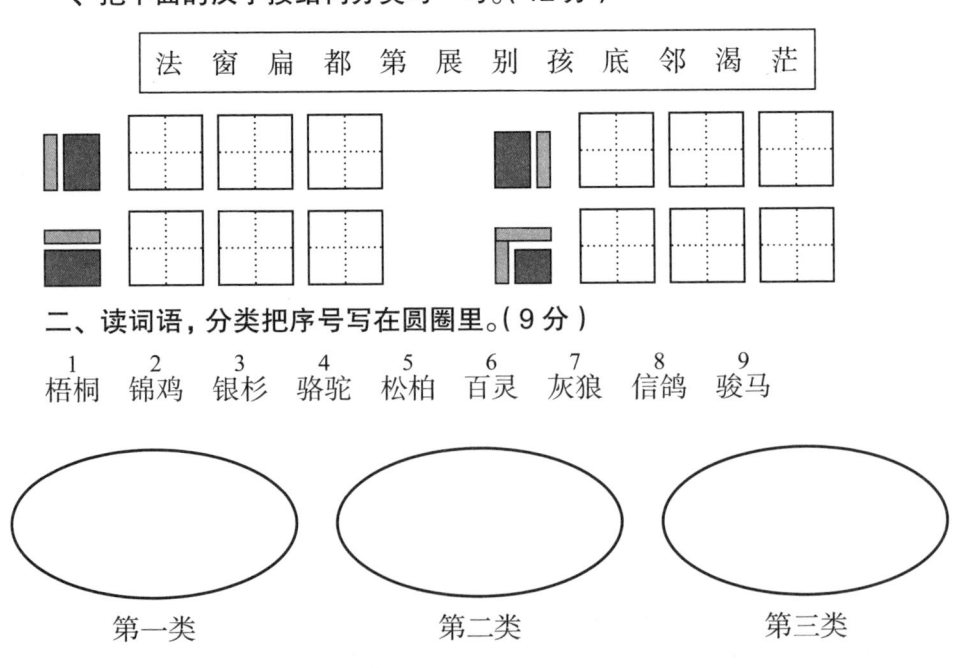

二、读词语，分类把序号写在圆圈里。(9分)

1 梧桐　2 锦鸡　3 银杉　4 骆驼　5 松柏　6 百灵　7 灰狼　8 信鸽　9 骏马

第一类　　　　第二类　　　　第三类

三、加偏旁成新字，再组词。(12分)

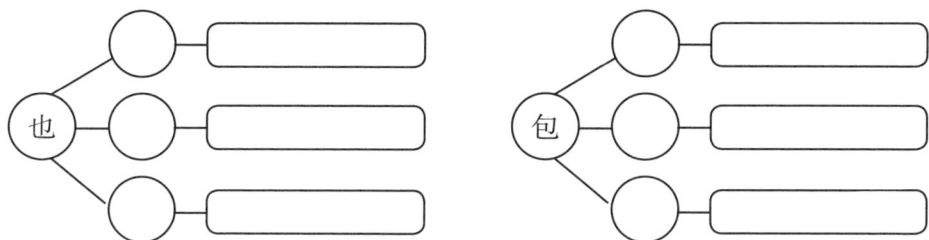

四、把加点的字和正确的读音连起来。(8分)

chéng　shèng　yín　yíng　háo　hào　fēng　fēn

盛开　盛饭　银杏　迎接　口号　号叫　分开　枫叶

五、选一选，填一填。(9分)

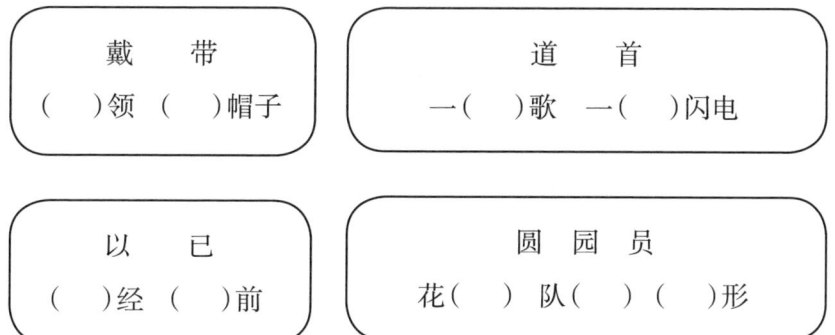

阅读积累（35分）

六、读课文，做一做。(24分)

1. 连一连，填一填。(6分+3分)

① 欲穷千里目，　　　　近听水无声。

② 远看山有色，　　　　手可摘星辰。

③ 危楼高百尺，　　　　更上一层楼。

上面的诗句中，第（　　）句是描写画里的景色，第（　　）句是描写夜晚山上的景色，第（　　）句是选自王之涣的《登鹳雀楼》。

2. 根据课文内容填空。(10分)

(1) 孩子如果已经_____，就得_____妈妈，_____。

(2) 小岛把湖水分成_____，北边像圆圆的_____，叫日潭；南边像弯弯的_____，叫月潭。

(3) 植物妈妈的_____有很多很多，_____你就仔细观察。那里有许许多多的_____，粗心的小朋友却_____它。

3. 给下列句子排排队。(5分)

(　　) 一条小河挡住了他俩的去路。

(　　) 他们又高高兴兴地去玩了。

(　　) 小鸭找来一块木板，让小鸡站在上面，推着小鸡过了河。

(　　) 一天，小鸭和小鸡一起出去玩。

(　　) 小鸡说："我不会游泳，怎么办呢？"

七、读短文，回答问题。(11分)

找　汗

小花猫看见人会出汗，觉得奇怪："咦，我怎么没汗呢？"它去问老牛。老牛指着自己汗淋淋的鼻子说："汗？在鼻子上。"小花猫摸摸鼻子，没汗！

小花猫再去问小马。小马在凉快的地方打滚。它指着自己的身体说："汗？在身上。"小花猫舔舔全身，没汗！

小花猫又去问小狗。小狗正吐着舌头乘凉。它说："汗？在舌头上。"小花猫看不清舌头。

小花猫去找小猪帮忙看舌头。小猪笑了："你又不是狗，汗怎么会在舌头上?"小猪把脚掌翻开,又叫小花猫把脚掌翻开。哈!两个都笑了:"原来,我们的汗藏在这里!"

1. 短文共有( )自然段,标出自然段序号。(3分)
2. 小动物们的汗都藏在哪里?读短文,连一连。(4分)

　　　老牛　　　小马　　　小狗　　　小花猫

　　脚掌　　　身上　　　鼻子　　　舌头

3. 短文中小猪说:"你又不是狗,汗怎么会在舌头上?"这句话的意思是"你不是狗,汗(　　　　　　)"。(2分)
4. 结合小花猫找汗的过程,你认为这是一只怎样的小花猫?写一写。(2分)

语言运用(15分)

八、口语交际。(5分)

你决定周六去看望奶奶。可好朋友小明打电话给你,请你帮他复习功课。你会怎么回复?

小明:朋友,周六你能帮我复习功课吗?

"我":_____

九、看图写话。(10分)

小朋友,请仔细看图,图上有谁?它在干什么?发挥想象,写几句话。

第六章　低年级"智趣"阅读教学环境建设

低年级"智趣"阅读教学需要怎样的环境

低年级"智趣"阅读教学环境的建设,可从"物理环境"和"人文环境"两个方面着手。

一、"物理环境"的建设

有的老师或许会认为,"物理环境"的建设不是由自己可以决定的。比如,自己想要一个大一些的教室,如果能有一个开放式小空间更好,学生做完作业就可进去独立阅读或做其他事情,不会打扰到同学。可是现今的教室格局,都是统一建设的标准长方形,所以"物理环境"是无法由"我"决定的。这样的想法不能说全错,但这只是看到了"物理环境"布置不可改变或无法控制的一部分。的确,教室的大小、室内的设备等,都不是老师个体可以说了算的。但是,教室的"物理环境"却可以通过"教室布置"来改善,让其更好地支撑学生的恰当行为,给学习带去便利。

教室"物理环境"的布置,可以从教师教学便利、学生学习便利和教学方法的运用便利三个角度去考虑。

1. 教师教学便利

教师是班级学生的管理者，需要在课堂上能对所有的学生"一览无余"，不能在视线上，让某些学生甚至部分学生出现在盲区。如此，才能准确、及时掌握学生的真实学习状态，了解学生的学习需求，及时跟进指导和帮助。同时，也能更好地借助眼神、肢体语言等与学生达成有效交流。

2. 学生学习便利

学生是课堂学习的主体，并且享有平等的学习机会，所以，教室布置必须让每个学生都能在学习的进程中清晰地看到老师，听清楚老师的话语。亦能看到其他同学、黑板、屏幕等，确保对每一个学生的学习不会造成阻碍。比如，使用投屏或实物投影仪时，就要考虑光线和角度，是否需要拉上窗帘抑或调整课桌椅方向，保证每个学生都能看清楚。

3. 教学方法使用便利

教学方法的使用，也是教室布置需要考虑的一个重要因素。教学方法如果是以小组学习为主的，就要充分考虑课桌椅的摆放位置，要便于小组讨论、记录，以及上台汇报成果。如果是以操作、活动的学习方式为主，就要配备好相应的操作、活动用具，预留好一块空地，保证学生的操作和活动空间。

关于学习方法与课桌摆放的建议：单独摆放，最有利于学生独立学习，有效避免同学之间的干扰；两人一组对面黑板，最有利于聆听教师讲述式的学习，激发学生主动参与；把课桌摆放成圆形或者 U 字形，最有利于小组讨论、合作学习，能促进学生广泛参与。

美国的 Kay M.Price 和 Karna L.Nelson 在《有效教学设计——帮助每个学生都获得成功》（第四版）中提供了一份为教学与活动变换教室布局的清单，与低年级"智趣"阅读教学的理念颇为吻合，可供我们学习和参考：

> 教室布置的教师核对清单
> 1. 我设计的教室布置能让我看到所有的学生吗？

> 2. 我设计的教室布置能让所有的学生看到（我、其他学生、黑板或其他材料吗？）
> 3. 我设计的教室布置能为学生把干扰物减到最少吗？
> 4. 我设计的教室布置能让学生在不打扰他人的情况下走动吗？
> 5. 我设计的教室布置能与我使用的教学方法相匹配吗？
> 6. 在课桌布置上，我要设计有效的变更吗？
> 7. 我设计的座位安排能符合学生的个体要求吗？
> 8. 我设计的座位安排能促进对所有学生的接纳吗？

二、"人文环境"的建设

低年级"智趣"阅读课堂的人文环境建设，相比其他课堂，更考察老师对学生的爱和智慧。

1. 努力建立多面向友好关系

如果老师认为，教学的成效仅仅是从课堂里出发，并结束于课堂，那是很不恰当的。学生的学习，受各方因素的影响：家庭环境、父母关系、突发事情等，甚至特殊天气都会影响学生的学习状态。和"物理环境"一样，有些现状和事情，我们无法改变，但是和学生相关的一些周边关系，教师是可以介入引导，帮助学生建立多面向的友好关系。

比如某学生父母之间的关系紧张，甚至在孩子面前会彼此责骂，造成孩子精神紧张，唯恐父母离婚、抛弃自己。当教师了解到学生面临的困苦，就要第一时间与孩子的父母沟通，进行调解和疏导，保证在孩子面前情绪的稳定。

当然，学生周围的同学关系、师生关系等，对学生的情绪也会产生重要的影响，教师都要及时关注，积极引导，尽最大努力保证学生拥有良好的学习情绪和学习状态。

2. 明确向学生表达期待

低年级学生，教师清晰明了地表达出自己对他们的期待是非常有必要的。学生会借由教师的期待来监控自己的学习过程,反馈学习结果。教师表述自己期待的语言,要肯定、直接、积极、礼貌的方式,不要模棱两可、表述不清或直接命令。

比如学生新接触一篇课文,教师往往会安排一个"自主朗读"的活动,要求学生自己读课文,要求把课文读正确、读流畅。事实上,学生的朗读能力有强有弱,把课文读正确、读流畅,有的学生可能需要五分钟,而有的学生可能只需要三分钟。那么问题来了:教师如何第一时间掌握学生朗读的进展情况?先读完的学生怎么办?这些问题都需要教师清楚地表达自己的期待,提醒学生如何表现自己的学习行为。

"智趣"阅读课堂里的教师,就会在学生开始朗读前,清楚表述自己的期待:请小朋友自己读课文,读完一遍可以竖一个手指头,读完两遍就竖两个手指头,难读的地方可以多读几遍,争取把课文读正确、读流畅。听明白了吗?在学生明确表示"听明白了"以后,再开始自由朗读。

再比如,同桌两个合作读时,该怎么读?"智趣"阅读课堂里的老师会具体解释期待行为:请同桌两个一起读课文第×自然段,如果你的同桌读错了,请停下来帮帮他(她),如果他(她)都读对了,请你竖起大拇指真诚地夸夸他(她)。

3. 积极肯定学生的恰当行为

低年级"智趣"阅读课堂的人文环境建设,非常强调正向鼓励。

低年级的学生还不具有很强的自我约束和自我肯定的能力,更多地依靠外界的力量。课堂上,教师给予学生足够多的关注,并积极回应了他们的良好表现,对他们课堂学习的兴趣和积极性是很好的激励及保护。当老师花大量的时间留心学生的良好表现并给予回应时,学生就会不断地强化这种良好行为,并在班级营造积极、愉快的氛围。反之,如果教师过多地关注学生的一些负面行为,不是点名批评就是全班呵斥,带给学生的必然是不安和焦虑。当学生在课堂里基本的心理安全都得不到保障的时候,其学习状态、学习效果就可想而知了。

低年级"智趣"阅读课堂肯定学生的行为有多种形式:有肢体动作的鼓励,如竖大拇指，点头肯定，抚摸学生的脑袋，拍拍学生的肩膀等；有语言鼓励，如"你的朗读清楚响亮，让我们每个人听得清清楚楚""你的想法很有意思，我都没有想到"等；还有眼神、表情鼓励，等等。

低年级"智趣"阅读课堂上，给予学生的鼓励往往比其他课堂更经常、更具体，让学生知道自己好在哪里，强化学生继续好下去。

4. 及时干预学生不良行为

当然，即便老师再鼓励、再肯定、再表扬，学生也会出现一些不良的行为，仍然会有学生在自我控制、集中注意力、遵守规则、解决冲突、与他人相处等方面出现困难和问题。

当学生行为表现不良时，教师的干预最好能与教学活动相融合。低年级的学生在阅读时，往往只知其一就迫不及待地举手，若老师没叫到他（她）发言，还会发出不满的声音以示抗议。这样浮躁的学习态度，就是"自我控制""集中注意力""遵守规则"等意识的欠缺。

学《青蛙写诗》一课，老师借助"青蛙要写诗了，谁来帮忙了？"这一问题，请小朋友自己读课文，找一找，圈出小伙伴的名字。一般的课堂，老师会让学生反馈一个，自己板贴一个，最终看上去完整的答案其实是几个学生拼凑起来的。"智趣"阅读课堂里的老师会让不同的学生把自己的答案完整地表述出来，即便学生提取的信息不是老师所期待的，仍不急不躁，让学生充分发表自己的见解，暴露所有学习中的问题，再引导学生对答案进行甄别、判断，得出准确答案。如此，教学就不仅仅为这一课服务，而是着力提升学生的学习品质：如自我监控能力（我的答案和谁的一样）、反思能力（现在重新选，会选择哪个答案，为什么）和及时修正的能力（错了重新圈画）。这样的教学，会对学生今后的学习产生深远的影响。

下篇

低年级"智趣"阅读教学实践探索

《秋天》教学实录

（第一课时）

板块一　揭示课题，走进秋天

师：小朋友们好！我们学完了汉语拼音，从今天开始，正式学习怎么阅读课文了。这意味着我们的本领越来越大了，你们开心吗？

生：（齐）开心！

师：阅读课文和学习拼音、学习识字可不一样。阅读课文的时候，我们要借助拼音来识字，把汉字连成句子读出来，还要理解句子的意思。今天我们就来学习第一篇课文——《秋天》。

（师板书课题"1. 秋天"）

师：前面的"1"表示第1课，"秋天"是题目，连起来这样读"第1课，秋天"，请跟我读。

生：第1课，秋天。

师："秋"是生字。仔细看看"秋"字，是由哪两个汉字组成的？

生："秋"左边是个"禾"，右边是个"火"。

师：对。有个字谜是这样说的："左边绿，右边红，左右相遇起凉风。绿的喜欢及时雨，红的最怕水来攻。"谜底是哪个字？说说你是怎么猜出来的。

生：秋。我是从"左边绿，右边红"来猜的，"秋"的左边是"禾"，禾苗是绿的；"秋"的右边是"火"，火是红的。

生：我也猜是"秋"，我还根据"左右相遇起凉风"来猜的，秋天来了，风变得凉爽了。

生：还有后面的"绿的喜欢及时雨，红的最怕水来攻"，也说明这个字的左边是"禾"，右边是"火"，合在一起就是"秋"。

师：小朋友们真会思考！那你能给"秋"字找个朋友吗？

生：秋雨。

师：秋天的雨叫秋雨。那么秋天的风就叫——

生：秋风。

师：秋天的树叶就叫——

生：秋叶。

师：像这样根据秋天的事物来找朋友，就叫一类一类找朋友。那你还想到了什么"秋"？

生：立秋。

师：立秋是一个节气，表示秋季的开始。

生：秋天。

师：秋天是一个季节，一年有四个季节——春、夏、秋、冬。小朋友，秋天是个神奇的魔术师，悄悄地来到了我们身边。它会给大地带来哪些变化呢？这节课就让我们一起走进课文《秋天》，去欣赏秋天的美丽景色吧！

板块二　朗读课文，读准字音

师：小朋友，《秋天》是一篇课文。请你仔细观察，这篇课文和以前学的儿歌、韵语比，什么地方不一样？

（PPT出示秋天课文和儿歌《过桥》）

生：儿歌《过桥》每一话都是对齐的，《秋天》有些地方空了两个字。

（师在自然段开头的空格处，加上两把小椅子）

师：这里空了两个格子，就叫空两格。什么时候要空两格呢？一个自然段开始的时候要空两格。那我们来看看,《秋天》这篇课文有几个自然段呢？跟着老师一起来标一标。

（师示范标第1自然段。在第2个空格处标上"1."，生跟着书空后，再在书上的第1自然段开头标上"1."）

师：第2自然段谁来试试看？

（请一生尝试标，校对后，再拿起笔在书上标自然段）

师：第3自然段怎么标？

（全班同学用手指后再拿起笔标自然段）

师：认识了自然段后，我们一起来听一听，课文是怎么读的呢？请小朋友人坐正，书拿好，眼睛看着书，仔细听。

（播放课文录音，生听录音）

师：听着听着，你仿佛看到了什么？听到了什么？

生：我仿佛看到了黄黄的树叶，蓝蓝的天空，一群群的大雁。

生：我仿佛听到了秋风的声音，大雁的叫声。

师：小朋友们仿佛看到了这么多的画面，听到了这么多的声音，真能干！这么美的文章，想不想自己来读一读？

生：（齐）想！

师：请小朋友人坐正、脚放平、书拿好，眼睛看着书，自己读一读课文，不认识的字可以请拼音宝宝帮助，争取把生字读准确，把句子读流畅。

（生自主朗读课文，师巡视，提醒生注意读书姿势）

师：刚才大家读得都很认真。老师请三位小朋友每人读一个自然段，谁愿意来试一试？

（请三位小朋友分自然段读课文，随机正音读错的字）

师：刚才三位小朋友读得都很不错。老师相信，如果我们把下面的词语读好了，就能把课文读得更好！

（出示第一组词语：凉了、黄了。请一位小朋友读）

师：如果把"了"字读得再轻再短一点儿，就更好了。请跟我读"凉了""黄了"。

生：(齐)凉了，黄了。

师：对了，"了"字要读得又轻又短。那这个词你会读吗？

（在"凉了、黄了"后面加上"叶子"一词）

师："叶子"的"子"也要读轻声，读得又轻又短。我们一起读一读。

（生读好"叶子"）

师：我们再来看这个词语。

（PPT出示词语"一片片"）

师："一片片"的第二个"片"字像小尾巴一样跟在第一个"片"字的后面，读得轻短。

（生练读，努力读准）

师："一片片"和"一片"有什么不一样呢？我们来看看，哪一幅图是"一片片"叶子，哪一幅图是"一片"叶子？

（出示两幅图，让学生用手指出来）

生：左边图画里的是一片片叶子，右边图画里的是一片叶子。

师：那生活中还有哪些东西可以用"一片"或"一片片"来说的？请你回想一下，说一说。

生：(纷纷)一片树叶。一片片雪花。一片草地。一片片面包……

师：是啊，生活中，有这么多事物可以用"一片"或"一片片"来说。请你看着图，能把"一片"或"片片"送给PPT里对应的事物吗？

（PPT出示"一片片肉、一片稻田、一片瓦、一片片花田"，学生看图说）

师：看了图，说了词，你发现什么时候用"片"、什么时候用"片片"？

生：只有一片的时候用"片"，很多的时候用"片片"。

师：对极了！"片"表示单数，"片片"表示很多。看来你们是真的学懂了！小

109

朋友，课文里还有一个词很难读，请跟老师读。

（PPT出示"一会儿"，教师带读）

师："一会儿"的"儿"是个儿化音，发出"会"的音后，就把舌头往上一卷。请大家再跟我读一遍——一会儿。

生：（齐）一会儿。

师：仔细看看课文中给"一会儿"加上拼音，是怎么加的？我们一起来看一看，读一读。

（出示"一会儿"注意"yí huìr"，师生齐读）

师："一"字很调皮，它在不同的汉字前面，读音会发生变化。请跟老师读这一组词语。

（PPT出示"一群、一会儿、一片片"等词语。教师带学生读）

师：中国的汉字好神奇，同一个字在不同的地方变着调儿读，读着就更好听了。看到小朋友学得这么认真，秋天姐姐要奖励你们一首儿歌，想听吗？

（出示儿歌：

什么什么一片片？树叶树叶一片片。

什么什么一朵朵？菊花菊花一朵朵。

什么什么一个个？橘子橘子一个个。

什么什么一群群？大雁大雁一群群。

教师引导学生结合图片配乐朗读后，再加上动作做一做）

板块三　精读首段，识字理解

师：小朋友，现在让我们走进第1自然段，去看看秋天美在哪里。

（PPT出示课文第1自然段，请学生齐读）

"天气凉了，树叶黄了。一片片叶子从树上落下来。"

师：第1自然段里写到了哪些秋天的事物？请小朋友用圆圈圈出来。

（生自由读，圈画事物）

师：你们圈出来哪些秋天的事物？

生：我圈出了"天气、树叶、叶子"。

生：我圈出了"天气"和"树叶"，"叶子"也是树叶，圈一个就够了。

师：两位小朋友圈的，有相同的事物，也有不同的事物。他们圈的相同的是——

生：天气。

师：对，秋天来了，课文写到第一样事物的变化就是"天气凉了"。"天气"的"气"是我们今天要学的一个生字。"气"字原先是这样写的（见下图），表示往上升的气体；后来，慢慢写成了这样；最后，就写成了我们现在的"气"。发现了吗，"气"指的就是——

生：往上升的气体。

师：气体的分子不同，名字也不同。氧分子组成的气体就叫——

生：氧气。

师：真聪明！缺少氧气，我们就会觉得呼吸困难。氧气是我们生存必不可少的。那氢分子组成的气体就叫——

生：氢气。

师：氢气很轻。如果我们往气球里打入氢气，气球会怎么样？你们见过吗？

生：氢气球会飞起来，飞得很高很高。

师："气"还有很多好朋友，以后我们会遇到。小朋友，秋天来了，除了天气凉了，课文还写到了"树叶黄了"。你们见过树上黄黄的叶子吗？

生：我见过黄黄的银杏树叶。

生：我见过黄黄的梧桐树叶。

师："黄黄的树叶"如果用两个字来说，该怎么说？

生：黄叶。

（PPT出示"黄叶"一词，生齐读）

师：黄叶在树上随着秋风飘动，多美啊！我们一起来读一读这句话。

（师把"天气凉了，树叶黄了"标红，生齐读）

师：现在请小朋友根据我的提示来读，让我一听就知道这样东西怎么样了，好吗？

生：（齐）好！

师：秋天到了，天气怎么样了？

生：秋天到了，天气凉了。

（生朗读时，把"凉了"读得特别重）

师：我一听就知道，天气的变化是——凉了！秋天到了，树叶怎么样了？

生：秋天到了，树叶黄了。

（生朗读时，把"黄了"读得特别重）

师：我一听就知道，树叶的变化是——黄了！现在提高点难度，我把两个问题一起问，你们一起回答：秋天到了，天气怎么样了？树叶怎么样了？

生：秋天到了，天气凉了。树叶黄了。

师：读得真好！刚才那位小朋友还圈了"叶子"。这里的叶子指的是黄叶吗？我们一起来读一读这句话。

（PPT出示"一片片叶子从树上落下来"，生读句子）

师：现在，还是请你们根据提示来读，让我一听就明白。仔细听，什么从树上落下来？

生：一片片叶子从树上落下来。

（生把"一片片叶子"读音加重）

师：一片片叶子从哪儿落下来？

生：一片片叶子从树上落下来。

（生把"从树上"读音加重）

师：看来你们基本读懂这句话的意思了。老师请你们再想一想，从树上落下来的叶子，我们平时把它们叫作什么？

生：落叶。

（PPT出示"落叶"一词，生齐读）

师："黄叶"和"落叶"意思一样吗？

生：不一样。黄叶是说叶子的颜色是黄的，落叶是说落下来的叶子。

生：黄叶可以长在树上，也可以落下来。

生：落叶可以是黄色的，也可以是红色的，还可以是枯萎的。

师：小朋友真会思考！不管是"黄叶"还是"落叶"，我们都可以称为"叶子"。

（PPT出示"叶子"，全班齐读）

师：小朋友，我们看"叶"字，请你思考怎么记住它？

生："叶"，左边是个"口"，右边是个"十"，合起来就是"叶"。

师：你用熟字相加的方法来记，非常好。这个"口"字在"叶"字的右边，成了一个偏旁，叫"口字旁"。

（出示词卡：口、口字旁，生齐读后板贴）

师：那能给"叶"字找哪些朋友呢？

生：黄叶、红叶、绿叶，老师我是根据叶子的颜色来找朋友的。

师：你一学就会。用这种方法，一下子就能找到很多朋友。

生：嫩叶、枯叶、落叶，我是根据叶子变化来找朋友的。

师：你很有想法哦！叶子长在树上，所以还有一个词叫"树叶"。我们来看看"树"字，"树"字可以怎么记？

生："树"，左边是个"木"，右边是个"对"。

师：对，"木"在这里也是一个偏旁。发现没，"木"作偏旁时和"木"字有什么不同的地方？

生："木"作偏旁，把原来的捺改成了点。

师：对，"木"是个懂礼貌的小朋友。它作偏旁在左边时，就要把捺收回来，改成点，把位置让给右边的"对"。这样，整个"树"字就美观了。让我们一起来读一读这个偏旁的名字。

（出示词卡：木、木字旁，学生齐读后板贴）

师：认识了"树"，我们再来动动脑子。

[PPT 出示：

很大很大的树叫（　　　）

很小很小的树叫（　　　）

生长苹果的树叫（　　　）

生长桃子的树叫（　　　）

师读前面的提示语，生抢答]

师：看来，关于"什么树"我们基本能区分了。老师这儿还有一组词语，请看——

（PPT 出示词语：树干、树枝、树叶、树根，请生认读）

师：你能把这些词语贴到大树相应的部位吗？

（PPT 出示大树图片，请生贴在大树相应的部位）

师：我们认识了很多树，也认识了树的部位。小朋友，秋天的树叶到底有多美呢？接下来，让我们一起去静静地欣赏吧！

（生看秋叶的视频）

师：小朋友，刚才的视频里，你们看到秋天来了，一片片的树叶变成了哪些颜色呀？

（出示句式：天气凉了，树叶_____了。）

生：秋天来了，一片片树叶有的变黄了，有的变红了，有的变成半黄半金的了。

师：这么多美丽鲜艳的颜色，我们可以说"五颜六色"，还可以说"五彩缤纷"。多美的树叶，多美的秋天，让我们一起再来读一读第1自然段。

（生齐读第1自然段）

师：秋天到了，还有哪些事物发生了变化呢？我们一起去大自然里看一看。

（图片出示公园里的桂花、菊花，田野里的稻田、玉米，果园里的橘子、香蕉等，让生根据"秋天来了，什么怎么样了"的句式说一说）

生：秋天来了，桂花开了。

生：秋天来了，稻子黄了。

生：秋天来了，橘子成熟了。

师：小朋友真厉害，课文中的句式学了就能用。秋天来了，课文中又是怎么写大雁的呢？我们下节课再来学习。

板块四　巩固生字、学写，教师巡视，提醒学生注意姿势

师：小朋友，刚才我们学习了《秋天》这篇课文的第1自然段，还认识了很多生字朋友。老师把生字朋友编到儿歌里了，我们一起来读一读吧！

（出示儿歌：

秋天到了，

天气凉了，

树叶黄了。

片片树叶，

飘落下来。

生齐读后自己读，拍手读）

师：生字认识了，接下来我们再来写两个字。先请小朋友仔细观察，说说这两个字字形上不同在哪里？

（PPT出示田字格里的"了、子"，生自主观察）

生："子"比"了"多一横。

师：对，这是它们字形上的不同。请看老师书空。"了"两笔写成：第一笔是横撇，第二笔是弯钩。"子"三笔写成：第一笔是横撇，第二笔是弯钩，第三笔是横。

师：横钩是今天新学的一个笔画，请看老师板书。

（师边板书边讲解书写注意点，生书空后再进行笔画练习）

师：学会了新笔画"横钩"，我们再来看看"了、子"在田字格里的位置。

生："了、子"的弯钩都写在竖中线上。

生："了"的横钩比"子"的横钩稍微大一点。

生："子"的横写在横中线上。

师：你们都很会观察。现在请认真看老师写"了"字。能干的小朋友可以跟着老师一起写。

（师板书"了"字，边板书边说笔画名称，强调书写要点，生练习书写，师巡视，提醒生注意姿势）

师：现在请认真看老师写"子"字。能干的小朋友还可以跟着老师一起写。

（师板书"子"字，边板书边说笔画名称及书写要点，提醒生注意"子"字的最后一横落在横中线上，这一横就像腰带，要绑在腰上，所以要写在横撇和弯钩交接点之下。生练习书写，师巡视，提醒生注意姿势）

师：我们来看看小朋友写得怎么样。

（师展示书写作业，评价反馈后引导针对不足再次练习）

师：小朋友，今天的课我们先上到这儿。回家后，你可以把第1自然段背给爸爸妈妈听，还可以到大自然里走一走，看看秋天来了，还有哪些事物发生变化了，下节课说给大家听。

《乌鸦喝水》教学实录
（第一课时）

板块一　识记"乌鸦"，揭题质疑

师：小朋友好！今天，老师邀请了一个新朋友和我们一起上课。看看它是谁？

（PPT 出示乌鸦图片）

生：（齐）乌鸦。

（PPT 出示"乌鸦"词语）

师：谁想来和小乌鸦亲亲热热地打个招呼？

生：（不够响亮）乌鸦。

师：声音如果再响一点，小乌鸦会听得更清楚。

生：（增大音量）乌鸦。

师：这一回小乌鸦听得真真切切了！来，我们一起叫叫它的名字。

（全班齐读"乌鸦"）

师：小朋友请看看图片，小乌鸦的羽毛有什么特点？

生：乌鸦的羽毛是黑黑的。

师：对呀，"乌"的意思就是"黑"。乌鸦是一种全身长满黑色羽毛的鸟。你有什么好办法记住"乌"字？

生："乌"比"鸟"少了一点。

师：你是和形近字进行比较来识记的，非常好。

生：我是义乌人，"义乌"里面就有"乌"。

师：你是结合生活来识记的。这也是一个很好的识字办法。

生：我能给"乌"找朋友。"乌米饭"里也有"乌"。

师：是呀，只要我们生活中多留心，就能认识更多的汉字。"乌"字你们记住了，那有什么好办法记住"鸦"字？

生："鸦"，左边是个"牙"，右边是个"鸟"，合起来就是"鸦"。

师：那你想过没有，"鸦"的右边为什么是个"鸟"字？

生：我想，因为乌鸦是一种鸟，所以"鸦"是"鸟字边"的字。

师：你的想法很正确。认识了"乌鸦"两个字，今天我们要学的这个故事就和乌鸦有关。看老师板书课题，能干的孩子可以跟着老师书空。

（师板书课题"乌鸦喝水"，生跟着书空）

师：读了课题，你有什么特别想了解的吗？

（根据学生回答，整理留下三个最有价值的问题：乌鸦喝的是哪里的水？乌鸦是怎么喝水的？乌鸦喝到水了吗？教师根据学生的问题，板书关键词"哪里的水""怎么喝""喝到没"）

师：小朋友想要了解的内容可真多！看看故事里是怎么说的呢？让我们带着这些问题一起走进故事吧。

板块二　读准课文，整体感知

师：请小朋友打开语文书，翻到第106页。为了便于我们读课文，请大家先给课文标上自然段序号。还记得自然段开头有什么标记？

生：自然段开头空两格。

师：小朋友记性真好。拿出笔，给课文的自然段标一标序号吧！

（生标自然段后，PPT出示课文页面，反馈校对）

师：这篇课文共有三个自然段，请你大声把课文读一遍，不认识的生字借助拼音拼一拼，争取把课文读正确。读完后左手竖起一根手指，告诉大家你读完一遍了。如果其他同学还没读完,你就轻轻地把刚才没读好的地方再练一练。明白了吗?现在开始读吧。

(生自由朗读课文,声音渐轻,绝大部分同学都竖起了一根手指)

师:声音越来越轻,现在基本没有朗读声了,看来大家都已经读完一遍了。刚才我们自己读,到底读得怎么样呢?小朋友们,请你们同桌合作读课文,一个人读第 1 自然段,另外一个人读第 2、第 3 自然段。当一个人读书时,另一个人要仔细倾听,如果他(她)把字音读正确了,请你送给他(她)一颗星;如果他(她)把句子读通顺了,请你再送给他(她)一颗星。如果读错了,请你帮帮他(她)。听明白要求了吗?下面请小朋友把学习单放在桌面上,人坐正,书拿好,眼睛看着书。同桌两个合作读吧!

(小朋友同桌合作读书)

师:小朋友们读得都很认真!看看哪些小朋友获得了两颗星?请获得两颗星的小朋友举起你的右手。

(小朋友举手)

师:这么多小朋友获得了两颗星,真棒!那刚才你在读的时候,有没有得到同学的帮助?如果有,请你看着他(她),真诚地对他(她)说声"谢谢"!因为有了他(她)的帮助,你才能读得这么好。

(获得帮助过的小朋友转向自己的同桌,握手说"谢谢")

师:老师发现还有一部分同学没有获得两颗星。暂时没获得两颗星也没关系,老师相信,接下来的学习过程中,你们会更努力,争取更多的朗读机会,为自己赢取这两颗星,对吗?

(没获得两颗星的小朋友拼命点头)

师:现在我们请三位小朋友来读课文,一人读一段。谁愿意读?

(请一生读第 1 自然段)

师:听了他的朗读,你认为哪些地方值得夸一夸?

生：他朗读的声音很响亮。

师：你是夸他，对着他说话，应该怎么说？

生：（转向朗读学生）你朗读的声音很响亮，值得我学习。

师：你不但善于倾听，还善于鼓励人，真好！还有吗？

生：（面向朗读学生）这么长的一段课文，你都读正确了，真了不起！

师：你听得很仔细。这段话里，有两个翘舌音的生字，可难读了，但他都读正确了，的确了不起！我们一起来读一读。

（师把"处""找"两个字带拼音从PPT段落里挑出来放大，指导生拼读）

师：还有这个词语里也有一个生字，不太容易读好。

（师把"怎么办"一词从PPT段落里挑出来放大，指导生练读词语，读准生字"办"，并提醒注意中间的"么"是轻声）

师：这三个生字都能读准了，相信大家能把课文第1自然段读得更好了。刚才没有获得两颗星的小朋友，谁愿意来尝试一下？

（一生怯怯举手）

师：好，你来。不着急，看清楚了再读，你能行的。

（生读第1自然段，除了"乌鸦看见一个瓶子"处有疙瘩，重新读过，其余读得都很不错）

师：你太厉害了！整段课文读正确了。虽然有一个地方一开始没读好，但是及时发现，自己纠正了，真能干！老师再请一个小朋友来读，这一回，我要提醒没请到的小朋友，你们坐在位置上也要眼睛看着书，在心里跟着读。看看谁能做到？

（师再请一生读，巡视提醒坐着的小朋友眼睛看书跟着默读）

师：这一次，不仅请到的小朋友读得好，坐着的小朋友也都读得很认真。大家在课堂上都很珍惜时间，认真练习，老师把大拇指送给你们。第1自然段这么长都能读好，老师相信第2自然段肯定难不倒你们，谁来挑战一下？

（师请一生读）

师：这段话虽然只有一句话，但里面有三个生字，也不容易读好。我们一起来拼一拼，读一读。

（师把"旁、许、法"三字带拼音，以词语的形式从PPT段落里挑出来放大，生拼读）

师：这个句子很长。读的时候，我们可以想一想：乌鸦看见了什么？

生：旁边有许多小石子。

师：对，那我们就可以在"乌鸦看见"处稍微停顿下，再把后面的"旁边有许多小石子"连起来读，这样读起来就不累了。小朋友试试看吧！

生：乌鸦看见/旁边有许多小石子。

师：小朋友可真厉害，一学就会。奖励大家把第2自然段一起来读一遍。

（生齐读第2自然段）

师：最后一个自然段里也有长句子，谁敢来挑战读？

（请一生读最后一个自然段）

师：这个自然段的第一句话最难读了，请根据老师的提示来读，让听的人一听就明白你重点想告诉别人什么信息。乌鸦把小石子一颗一颗怎样了？

生：（突出"放进瓶子里"）乌鸦把小石子一颗一颗地放进瓶子里。

师：乌鸦把小石子怎样地放进瓶子里？

生：（突出"一颗一颗地"）乌鸦把小石子一颗一颗地放进瓶子里。

师：乌鸦把什么怎样地放进瓶子里？

生：（突出"小石子""一颗一颗地"）乌鸦把小石子一颗一颗地放进瓶子里。

师：谁把小石子一颗一颗地放进瓶子里？

生：（突出"乌鸦"）乌鸦把小石子一颗一颗地放进瓶子里。

师：你们会听又会读，老师真为你们高兴！是呀，乌鸦把小石子一颗一颗地放进瓶子里。瓶子里的水渐渐升高了，乌鸦就喝着水了。小朋友，《乌鸦喝水》这篇课文讲的就是乌鸦喝水的故事。老师画了三幅图，你能按照课文顺序来摆一摆吗？

（教师出示三幅打乱的图片，请一生上台摆）

师：他摆对了吗？

生：摆对了。先讲乌鸦找水喝，找到了水却喝不着，再讲乌鸦想出办法，最后乌鸦喝着水了。

师：对，《乌鸦喝水》讲的就是这样一个故事。那这个故事到底是怎么写的呢？让我们再一起走进这个有趣的故事吧。

板块三　研读首段，领悟喝水之难

师：小朋友，刚才我们提出了三个问题，"乌鸦喝的是什么水""它是怎么喝水的""它喝到水没有"。我们先来看第一个问题"乌鸦喝的是哪里的水"，谁知道答案？

生：乌鸦喝的是瓶子里的水。

师：课文里是怎么说的？你把那句话读出来。

生：乌鸦看见一个瓶子，瓶子里有水。

师：这个瓶子里有水是乌鸦一眼就发现的吗？

生：不是，是它到处找才找到的。

师：你从哪句话里看出来的？

生：我从"一只乌鸦口渴了，到处找水喝"看出来的。

师："找"是我们今天要学的生字。老师请来了微课老师给我们讲讲"找"字。

（播放"找"字微课，生观看）

师：看了微课，小朋友知道"找"左边的"提手旁"和什么有关？

生：和手部动作有关。

师：那你想到了哪些和"找"有关的词语？

生：（个别说）寻找。找东西。找人。找到……

师：小乌鸦是到处找，才找到瓶子里的水。那你知道"到处"是什么意思吗？

生："到处"就是去了很多很多地方。

师：想一想乌鸦为了找到水，可能会去过哪些地方？

生：它可能到田野里去找，可是没找到。

生：它可能想去山上找山泉，没找到。

生：它可能想去找有水的地方，比如小河、池塘，但是也找不到。

师：是呀，乌鸦为了找水喝，可能飞过田野，飞过高山，飞过乡村……用书上的话说就是——

生：（接读）到处找水喝。

师：那你生活中有过这种到处找某样东西、某个人的时候吗？

生：有一次，我和爸爸妈妈一起出去玩。可是不知怎么的，他们俩不见了，我到处找他们。

师：是啊，和家人走散，你心里一定可着急了。

生：我养了一只小猫咪。有一次，小猫自己溜出家门去玩。我和妈妈到处找，后来在一辆汽车下面找到了。

师：我也有过这样的经历，自己养的猫狗不见了，是要到处找的，哪怕再累，也要找到为止。小朋友，如果你就是这只乌鸦，你飞了那么多的地方，到处找水却没有找到，这时你最想说的一句话是什么？

生：再找不到水，我会渴死的。

生：老天爷帮帮我吧，让我快点找到水吧！

生：我的嗓子都冒火了，我要喝水！

师：小朋友，就让我们带着这种着急、渴望的心情再来读一读这句话。

（全班齐读第一句话）

师：跑遍了田野村庄，乌鸦找到水了！来，我们一起读这句话——

生：乌鸦看见一个瓶子，瓶子里有水。

师：现在乌鸦可以美美地喝水了吗？

生：不可以。

师：为什么呢？请你在第1自然段里找一找乌鸦喝不到水的原因，并把相关的句子用横线画出来。

（生读课文、画句子。师巡视，提醒生要把句子画完整。再请一生到讲台前反馈、校对，对画错的部分改正）

师：大家都画好了，我们一起来读一读这个句子。

（生齐读句子）

师：读句子可不是读准音就可以了，还要读懂它的意思。你们是不是真的读懂这句话的意思了呢？老师这儿有三个瓶子，请你来找一找，哪一个才是乌鸦找到的瓶子？

（出示三幅图画：一幅瓶口大水不多，一幅瓶口小水较多，一幅瓶口小水不多）

师：请你用举手指来表示，认为是一号瓶的就举一个手指头，认为是二号瓶的就举两个手指头，认为是三号瓶的就举三个手指头。我说"1、2、3举"，你们才能举，听明白了吗？

生：（齐）听明白了。

师：好。看清楚，选好了吗？准备，1，2，3，举！

（生举手指头，除了个别学生，基本选对了）

师：（面向选错的学生）你为什么选第一幅图？

生：第一幅图瓶子里的水不多。

师：很多同学和你选的不一样，听听他们是怎么想的。

生：我选的是第三幅。因为课文里说"瓶子里的水不多，瓶口又小"。第三幅图是水不多、瓶口又小的。第一幅图瓶口太大了。

师：看来我们要把图看仔细，把文读仔细，才能选对呢！来，自己读一读这句话，看看是不是这样的。

（个别学生再读该句）

师：好不容易找到了瓶子里的水，可是乌鸦却喝不着，怎么办呢？看看这个

"办"字,你在哪里还见过它?

生:在老师的办公室。

生:我到爸爸单位,看见过"办事处"。

生:我读书的时候,记住了"办法"这个词。

师:是啊,"办"在生活中很常见,这个字也不难记。你们瞧,"力"加两点就是"办"。

(师边说边板书)

师:我们一起来读一读这个句子。

(生齐读"怎么办呢?")

师:字音读得很准确,把乌鸦心中的疑问都读出来了。小朋友,读懂了句子的意思,老师相信你们能把课文读得更好!谁敢来读一读整段话?

(师关注前面没有拿到两颗星的小朋友,给予机会多练习)

师:小朋友,这节课我们解决了第一个问题,知道乌鸦喝的是瓶子里的水(把第一个问题擦除)。乌鸦又是用什么办法喝水的?最后喝到了没有?下一节课,我们继续学习。

板块四 巩固生字,学写汉字

师:小朋友,乌鸦喝水的前半部分,老师把它编写成了一首小儿歌,请你特别注意标红的生字,读一读吧。

小乌鸦,口渴了。

到处飞,找水喝。

找到了,小瓶子。

瓶口小,水太少。

喝不着,怎么办?

怎——么——办?

(生自由读)

师：小朋友读得都很起劲。我们配上音乐拍着手读，会更好玩哦！

（生配乐拍手读）

师：小朋友，认识了生字朋友。小乌鸦还想请你们教它写两个生字！

（PPT出示田字格里的"只"和"石"）

师：请你仔细观察这两个字，你发现有什么相同的地方？

生：它们都有一个"口"。

师：那这个"口"在这两个字里的写法一样吗？

生："只"的"口"在上，"石"的"口"在下。

师：我们先来写"只"。写"只"字，要注意"口"的第二笔横折要微微往左斜。下面撇、点的起笔和收笔基本在同一条线上，撇、点要对称，不能一边高一边低。

（师边说边用辅助线帮助生观察）

师：请看老师写一个"只"，请小朋友举起右手，伸出食指跟着老师书空。

（师范写，生书空）

师：看明白了吗？现在轮到你们写了。请你拿出《课堂作业本》，在《课堂作业本》上描一个写两个，认认真真写好了，要一个比一个写得好。

（师巡视，提醒生注意书写姿势，指导有困难的学生）

师：好，先把笔放下，人坐正。"只"字写得差不多了，我们一起来学写"石"字。写"石"字的时候，要注意第二笔长撇要撇出去，下面的"口"字要写得略扁一点就更好看啦。

（教学流程与"只"相同。两个字都写完后，投影学生作业，根据写字要点进行反馈点评。点评后，再各练写一个）

《树和喜鹊》教学实录

（第一课时）

课前游戏，激发兴趣

师：小朋友，上课前我们先来玩一个游戏。游戏的名称叫"汉字猜猜猜"。怎么玩呢？先看汉字的古文字，猜它是什么字（PPT出示"鸟"的甲骨文）。请小朋友看看这个古文字，想想它可能是什么字？

生：我猜它是一个"鸟"字，它看上去有很多羽毛。

师：他猜得对不对呢？

（PPT先后出示鸟的图片和"鸟"字）

师：恭喜你，答对了！我们再来看一个（PPT出示"隹"的甲骨文）。小朋友能猜出来吗？

（生集体沉默）

师：小朋友仔细看看，这个古文字和"鸟"的古文字有没有相似的地方？

生：它们看上去有点像，但是"鸟"字的羽毛很长。下面这个字三根羽毛中间还有一竖，羽毛看上去没有那么长了。

师：你观察得很仔细。这个字也和鸟有关，专门指那些短尾巴的鸟（PPT出示短尾鸟的图片），后来把这个字写成了"隹"字，指短尾巴的鸟（PPT出示"隹"字）。

师：现在增加点难度，再来猜一个（PPT出示"鹊"的甲骨文）。这个字由两部分组成，猜猜它是什么字？

生：我猜它也和鸟有关，右边的像"隹"字。

生：我猜是"鹊"。今天学习的课文是《树和喜鹊》，所以我猜是"鹊"。

师：你们一个会观察，一个会联系，都很了不起。的确，这是"鹊"字，左边是个"昔"，右边是个"鸟"。汉字就是这么有趣！

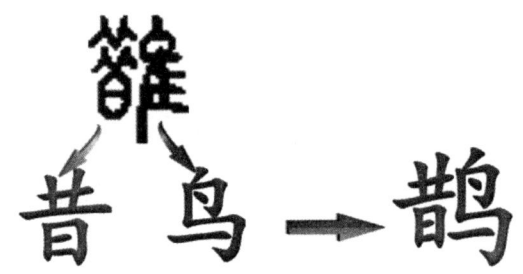

师：今天我们要学的课文就是《树和喜鹊》。准备好上课了吗？

生：准备好了！

（师生问好，宣布上课）

板块一　整体感知，认读生字

师：请小朋友打开书，听老师读课文，仔细看老师，站着读书的时候，人站正，书拿好，眼睛看着书。能干的小朋友可以在心里跟着老师读。

（师范读，生倾听并心里默读）

师：刚才听老师读了一遍。现在，你能自己试着来读一读吗？也请你站起来读，读不好的地方要再读一遍，争取把课文读正确，读流畅。读完一遍后轻轻坐下，坐下后继续读。注意站着读书的姿势，要——

生：人站正，书拿好，眼睛看着书。

师：好，开始读书吧！

（生自由读书）

师：全班同学都坐下来了，看来大家都至少读了一遍了。读之前，我们先把自然段标上。还记得自然段有什么标志吗？

生：自然段开头空两格。

（生标自然段序号，师生校对）

师：标好自然段，请小朋友听我的提示读相关段落。注意听！从前，有一棵树和一只鸟都觉得很孤单，这是为什么呢？谁来读课文第1、第2自然段？

（指名一生朗读课文第1、第2自然段）

师：这两个自然段里有一个多音字，请看大屏幕，我们一起来读一读。

（PPT把"只有""一只喜鹊"两个词语从课文段落里放大呈现，"只"标注拼音）

生：只（zhǐ）有，一只（zhī）喜鹊。

师："只有"表示仅有这一个，没有其他的了。"只有一棵树"表示——

生：除了这棵树，没有其他的树了。

师："只有一个鸟窝"表示——

生：除了这个鸟窝，没有其他的鸟窝了。

师：那你能用"只有"来说一说你生活中遇到的某一件事或者某一样东西吗？

生：我只有一支铅笔。

生：花坛里只有一朵花。

生：我家只有我一个孩子。

师：从你们的话语中，我知道你们懂得了"只有"的意思。在"只有"中，"只"读第三声。在"一只喜鹊"中，"只"是量词，读第一声。你还知道哪些事物的量词也可以用"只"的？

生：一只虫子。

生：一只蚂蚁。

生：一只鸟。

师："只"，一般用于动物，飞禽啊，走兽啊，都可以用"一只"。鸟窝不是动物，所以用"一个鸟窝"。读——

生：一个鸟窝。

师：见过"鸟窝"吗？（出示鸟窝图片）这就是"鸟窝"。

生：老师，我知道"鸟窝"就是小鸟的家。

师：对！再看看"窝"字，它和我们以前学过的哪个字很像？

生：和"小蜗牛"的"蜗"很像。

师：比一比它们的偏旁，你发现了什么？

生：小蜗牛是一种小动物，所以"蜗"是"虫字旁"的；鸟窝的"窝"是"穴字头"的。

师：这个偏旁叫"穴宝盖"。"穴宝盖"的字一般与洞穴有关，所以"窝"的意思就是禽兽或其他动物的巢穴。小鸟的家叫"鸟窝"，那小鸡的家叫——

生：鸡窝。

师：蜜蜂的家叫——

生：蜂窝。

师：用泥做的窝叫——

生：泥窝。

师：用草做的窝叫——

生：草窝。

师：认识了生字，我们再来读一读这个长句子。

生：（读）从前，这里只有一棵树，树上只有一个鸟窝，鸟窝里只有一只喜鹊。

师：没有人陪伴，树和喜鹊的感觉是——

生：（读）树很孤单，喜鹊也很孤单。

师：后来，这里有了变化，谁接着读？

（指名一生朗读课文第3、第4自然段）

师：这里也有一个多音字。看——

（师用PPT把"种了好多树"中"种"的读音从课文段落里放大呈现，给"种"标注拼音）

师："种"在这儿读第四声zhòng。我们再一起读读这个词语（PPT出示"种树"）。

生：种树。

师：还可以种什么？

生：（个别说）种菜。种花。种草……

师：表示动作的时候，"种"读第四声。"种"还有一个读音念——

生：种zhǒng。

师：给种zhǒng找个朋友。

生：（个别说）种子。品种。各种各样……

师：《一个接一个》里也出现过这个"种"字。看（出示短语"可以做各种各样的梦"），表示某样东西或种类的时候，"种"读第三声。我们要根据意思判断多音字的读音，明白了吗？

生：（齐）明白了。

师：好，我们一起来读一读这两个词。

生：种（zhòng）树，各种（zhǒng）各样。

师：刚才，这两个带生字的词语他读得很正确，我们也一起来读一读。

（PPT出示带拼音的"都"和"邻居"，生齐读）

师：有了邻居以后，树很快乐，喜鹊也很快乐。谁来读最后两个自然段？

（指名一生朗读课文第5、第6自然段）

师：这里也有一个多音字"乐"。表示心情愉悦、开心时，读第四声，快乐。

生：（齐）快乐。

师：我们的课程里，有一门学科的名字里也有这个字，是什么学科？

生：（齐）音乐。

师:"呼"单独出现,念第一声,"招呼"的"呼"读轻声。读——

生:招呼。

师:做一做打招呼的动作。

生:(招手)嗨,你好啊!

师:(给出提示,师生合作梳理故事内容)小朋友,刚才我们一起再次读了课文,发现一开始,那里——

生:只有一棵树,树上只有一个鸟窝,鸟窝里只有一只喜鹊。

师:树和喜鹊都很——

生:孤单。

师:后来,那里——

生:种了很多树,来了很多喜鹊。

师:树和喜鹊都有了——

生:邻居。

师:它们都感到很——

生:快乐。

板块二 细读品悟,感受"孤单"

师:树和喜鹊都很孤单,课文是怎么写的呢?请同桌两个小朋友一起读一读第1自然段。如果你的同桌还不能读正确,请停下来帮帮他。读完后,圈一圈你从哪些词中看出它们真的很孤单,再看看课文插图想一想。

(同桌合作学习,出示学习活动流程的关键词)

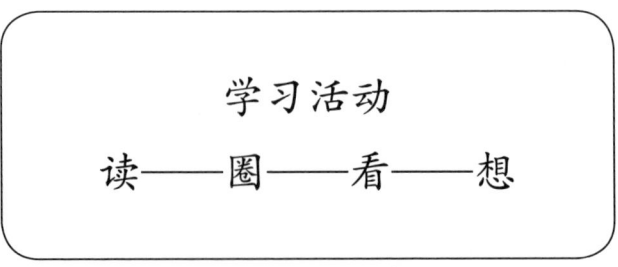

学习活动
读——圈——看——想

师：刚才和同桌一起学习了，你们从哪些词语中发现树和喜鹊都很孤单？

生：我们从"只有"中发现树和喜鹊都很孤单。

生：我们从"一棵""一个""一只"这个"一"里也发现树和喜鹊都很孤单。

师：你们都很会发现。只有一棵树，只有一个鸟窝，只有一只喜鹊，的确太孤单了。我们一起来看一看这样孤单的画面。

（动画展示课文描绘的画面，师生合作讲述）

师：这里只有——

生：一棵树。

师：孤零零就一棵。树上只有——

生：一个鸟窝。

师：没有其他鸟窝。鸟窝里只有——

生：一只喜鹊。

师：没有第二只喜鹊了。原来"孤单"就是——

生：除了自己，再也没有别人了！

师：我们一起再来读一读这个词。

（板贴"孤单"，生齐读）

师："孤单"这两个字你认识了吗？这两个字里，有我们今天要学的两个新偏旁"子字旁"和"倒八"。

（板贴"子字旁"和"倒八"的偏旁及偏旁名称的卡片）

师：认识了新偏旁，可以怎么记住"孤、单"这两个生字？

生："孤"，左边是个"子字旁"，右边是个"瓜"。

师：你是用熟字相加的办法来记的。我们听过"孤儿"这个词吧？那你知道"孤"是什么意思吗？

生：是不是没有爸爸妈妈的孩子？

师：是啊，"孤"就是指失去父母，没有人陪伴的孩子。多可怜啊！"单"又可以怎么记？

生：我用组词的方法记，"单独"。

生：我们出去旅游的时候，宾馆里有的房间是单人间，有的房间是双人间。

师：对，组词、联系生活等，这些都是识记生字的好方法。小朋友，"孤"表示一个人，"单"也表示一个人，"孤单"就是一个人孤零零的，非常寂寞。你有"孤单"的时候吗？

生：爸爸不在家，妈妈不在家，只有我一个人的时候，我感到很孤单。

生：有一次我脚摔骨折了，同学们上体育课去了，只有我一个人留在教室里，感到很孤单。

师：小朋友们，当你孤单的时候，心情怎么样？

生：很不高兴。

生：不开心。

生：郁闷。

师：是啊，我们感到孤单的时候，都会不开心、不高兴，会觉得郁闷。谁能带着这种感受把这句话读出来？

（生个别读）

师：小朋友，孤单的树会和孤单的喜鹊说些什么呢？

生：要是再有一棵树就好了，我就不孤单了。

生：要是有很多喜鹊，我们就可以一起唱歌了。

生：要是我旁边再有几棵树，那多好啊！我们可以比赛谁长得快，谁长得高。

师：是啊，孤单的树和孤单的喜鹊都渴望有朋友陪伴啊！

板块三　对比阅读，理解"邻居"

师：后来，这里发生了什么变化？

（请一生读课文第3、第4自然段）

师：树和喜鹊的愿望实现了吗？

生：实现了。

师：你们是从哪里看出来的？

生：（读）这里种了好多好多树，每棵树上都有鸟窝，每个鸟窝里都有喜鹊。

师：多么热闹的场面啊！我们走进去看一看吧。

（动画展示课文描绘的画面，师生接力朗读）

师：后来，这里种了——

生：好多好多树。

师：每棵树上——

生：都有鸟窝。

师：每个鸟窝里——

生：都有喜鹊。

师：树和树住在一起，树就有了——

生：邻居。

师：喜鹊和喜鹊住在一起，喜鹊有了——

生：邻居。

（板贴"邻居"词卡）

师："邻居"这个词中有两个字。就这两个字来说，谁是谁的邻居？

生："邻"是"居"的邻居。

生：也可以说"居"是"邻"的邻居。

师：明白了，原来"邻居"就是住在附近的人或人家。说说你家的邻居是谁？

生：我家的邻居是孔某某。

生：我家的邻居是一对刚结婚的叔叔阿姨。

师：有了邻居，这时树和喜鹊又会说些什么呢？

（PPT出示情境图，生想象说话）

生：树会对它的邻居说——"有你做我的邻居，太好

了，我再也不孤单了。"

生：喜鹊会对它的邻居说——"以后我们可以一起出去捉虫吃。"

师：是啊，有了邻居，树和喜鹊都很开心。谁来开心地来读一读这两段话？

（生个别读）

师：树和喜鹊一开始很孤单，后来很开心。我们分男女生来对读。先请女生读孤单的部分，男生读开心的部分，看看谁读得更好。

（男女生对读后，再交换内容对读）

板块四　巩固生字，写好汉字

师：小朋友，课文先学到这里。我们来玩个游戏：给生字找邻居。仔细看大屏幕，这里有八个汉字，它们的邻居应该是谁呢？请你来摆一摆。

（师把"孤单、鸟窝、邻居、都有"四个词语中的汉字打乱，指名生上台把黑板上的字卡重新摆放组成词语，找找"邻居"）

师：谢谢你，给汉字宝宝都找到邻居，组成了词语。我们一起来读一读这些词语。

（生齐读词语）

师：小朋友，"单"和"居"回到田字格的家里了。你仔细观察，这两个字有什么共同特点呢？

（PPT标注色块和辅助线，帮助学生观察）

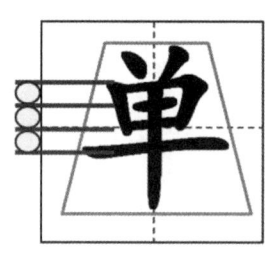 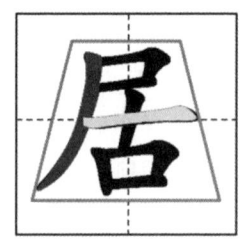

生：它们都是上小下大。

生：每个横画之间，间隔距离是一样的。

师：你们都很会观察。我们再来看每个主要的笔画所在的位置。

生："单"，第三横写在横中线上，第四横最长，最后一笔竖在竖中线上，要写得直直的，头尖尖的。

师：还要注意，"单"上面的"倒八"，要点小撇长。伸出手指跟着老师书空。

（师范写，生书空）

师："居"写的时候又要注意什么？

生：右下部分的"古"横要长，要超出上面的"尸字头"。

师：对的，"居"是个半包围结构的字，左上部分的撇要写得舒展，右下部分"古"的横要超出上面的"尸字头"，这样就能使整个字平衡啦！请你伸出手，和我一起写一写。

（师范写，生书空）

师：我们不仅要写好字，还要学会正确地使用。请你读一读下面的这段话，在田字格里写上正确的汉字。

（出示根据课文内容整合过的语段）

从前，这里只有一棵树，树上只有一个鸟窝，鸟窝里只有一只喜鹊，所以树和喜鹊都很孤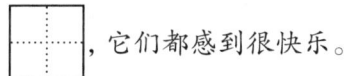。后来，这里种了好多树，来了好多喜鹊，树和喜鹊都有了邻

☐，它们都感到很快乐。

（生填写后，师检查反馈）

【板书设计】

		树和喜鹊	
		一棵树（图）	
从前	只有	一个鸟窝（图）	孤单
		一只喜鹊（图）	
后来	都有	☐	邻居

《小壁虎借尾巴》教学实录
（两课时）

板块一　自读课文，猜读生字

师：小朋友，上课之前，我们先来认识一位新朋友。请看大屏幕。这是谁呀？（PPT出示壁虎图片）

生：壁虎。

师：对，这就是壁虎。你了解有关壁虎的哪些知识？

生：壁虎是吃蚊子的。

生：壁虎喜欢在墙上爬来爬去。

生：壁虎的家在墙角、墙洞，不容易被人发现的地方。

师：你们对壁虎了解得真不少！老师也去做了了解，请一位小朋友来读给大家听。

（PPT出示壁虎介绍，一生读，读不出的地方由教师帮助）

壁虎是一种爬行动物，可在墙壁、天花板或光滑的平面上迅速爬行。它爱在墙角捉蚊子吃，是人类的好朋友。壁虎有一条长长的尾巴。这条尾巴有再生功能，遇到危险，会自动脱落，过段时间又会长出来。

师："壁虎"的"壁"是我们今天要学的生字，请看老师写。

（师板书"壁虎"两字）

师：看看"壁"的字形，你猜"壁"和什么有关？

生:"壁"的下面是个"土"字。我猜"壁"是用土做成的,和土有关。

师:是的,"壁"指墙壁,是用土坯、砖石垒砌或用竹木做成的遮挡物。那用石头砌成的墙壁,我们可以把它称为——

生:石壁。

师:像铁一样坚硬的石壁,就是——

生:铁壁。

师:画在墙壁上的画,叫作——

生:壁画。

师:我们展开联想,就能想到一串带"壁"的词语,这可是积累词语的好方法哦!课文写了关于小壁虎的什么故事呢?请小朋友自己读课文,要求是——

(出示"学习活动一"要求)

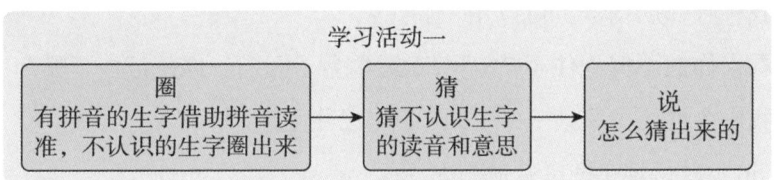

(生根据学习活动要求自主学习,师巡视,提醒学习不够专注的学生)

师:刚才小朋友都很认真地学习了课文。课文中这些生字是带拼音的,我们一起来拼一拼,认一认。

(PPT出示下面词语,生拼读)

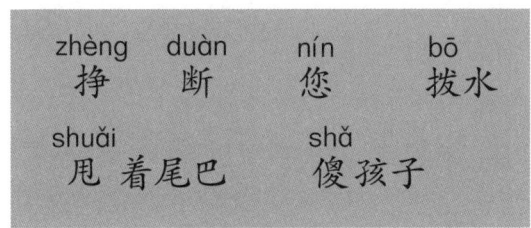

师:读着读着,你记住了哪个生字?

生：我记住了"您"。"你"加上"心"就是"您"。

师：那你知道"你"和"您"用法吗？

（生有些茫然）

师：第一次学习这个字，不知道怎么用很正常，老师来告诉你吧。"您"用于长辈或尊敬的人。谁能来举个例子？

生：我们称呼老师可以用"您"。

生：称呼爷爷奶奶也可以用"您"。

生：称呼习近平爷爷可以用"您"。

师：对了。而"你"用于年纪和自己差不多的人或者是关系好的朋友。谁也能来举个例子？

生：称呼同学可以用"你"。

生：我称呼邻居杨洋也可以用"你"。

师：看来你们不但记住了"您"字，还学会了区别。你还记住了哪个生字？

生：我出个谜语大家猜——"用"字尾巴往上翘。

生：（迫不及待地）我知道是"甩"字。

师：你真会动脑子，编了个字谜来记"甩"，好办法！

生：老师，我还发现"拨"是提手旁加"发"字组成的。

师：对，你很善于观察汉字的部件。

生：我是用看偏旁想意思的方法来记"拨"字。"拨"是提手旁，拨要用手。

师：是的，"拨"是用手脚或者棍棒等横着用力，使东西移动。注意哦，是横着用力。我们把橡皮放在桌子上，用手指拨一拨橡皮。

（生动手做一做"拨橡皮"的动作）

生：我记住了"傻"字。"傻子""傻瓜"的"傻"。

生：人很"傻"，所以"傻"是"人字旁"。

师：组词、结合偏旁来记，都是识字的好方法。最后一个"断"字，没有人说，看来比较难,那就老师来说吧。小朋友,你们知道吗,"断"右边的"斤"原来是指斧头,"断"是指用刀斧把物体砍成两节(师边说边做动作)。明白了"断"字的意思,你能给"断"找个朋友吗?

生:(个别说)折断。打断。藕断丝连。不断。断气……

师:认识了生字,请同桌两个轮流读一读这些词语。如果同桌读不出,请你帮帮他(她)哦。如果他(她)都读出来了,请你竖起大拇指夸夸他(她)。

(生同桌轮流读词语,自主正音,评价)

师:带拼音的生字,我们借助拼音会读会认了。那课文中还有一些生字是没有注音的,老师已经把相关句子摘录出来了,生字也用红色标出来了。这些生字,你有不认识的吗?刚才圈了哪几个?

生:我把这个字圈出来了。(生指向"墙"字)

师:是的,这个字的确不好记。我们先来看看这个字是什么偏旁?

(PPT把"墙"字放大呈现)

生:提土旁。

师:它为什么是"提土旁"?我们来看一张图片。看到没,这是一堵——

生:墙。

师:仔细看看,这堵墙是用什么砌成的?

生:黄土。

师:对,难怪"墙"字是"提土旁"。"墙"字的右边是个"啬",表示建筑粮仓。那再看看图,"墙角"在哪里?谁来指一指?

(请一生上台指一指,说一说)

师:对了,这就是"墙角"。我们一起来读一读这个词语。

生:(齐)墙角。

师:这句话里还有两个生字,有谁也圈了?(没人举手)看来,这两个生字你们都认识了,说说怎么猜出来的?

生：蚊子是一种小虫子，所以"蚊"左边是个"虫字旁"，右边是个"文"。这是个形声字。

师：你是借助形声字规律来猜读"蚊"字的。

生：我也是借助形声字规律来猜读"咬"的。咬东西要用嘴巴，所以"咬"是个口字旁，右边是个"交"。

师：学过的识字方法能主动用起来，老师为你们骄傲。还有其他不认识的字吗？都没有了吗？那老师来检查一下。这个字怎么读？你是怎么猜出来的（教师指向"赶"字）。

生：这是"赶"。"赶"里面有个"干"，和"赶"读音很像，而且我以前看书的时候看到过这个字。

师：根据相似的读音来猜，也是一种办法。这个字读什么，怎么猜出来的？（师指向"房"字）

生：读"房"，"户"加"方"就是"房"。

师：那你知道左上的"户"指什么？不知道啊，我们来看看图，你就能猜出来。（出示"房"的图及汉字"房"）

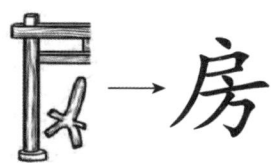

师："房"字左上的"户"字，表示门，慢慢地写成了现在的"户"，下面部分写成了"方"。谁能给"房"组个词？

生：（个别说）房间。房子。房屋。草房。木房。砖房……

师：最后这个字（指向"转"字），怎么读？你又是怎么猜出来的？

生：读"转"。车子转弯就是这个"转"。

师：这是一个翘舌音，我们一起来读一读。

（生看着拼音，拼读"转"）

师：给"转"找个朋友吧！

生：（个别说）转弯。转身。转头。转向……

师：没注音的生字，你们根据形声字规律、结合生活识字、课文插图等方法猜对了它们的读音，认识了它们的字形，真是越来越能干了！这些生字回到句子中，相信你们也都会读。我们一起把带生字的四个句子读一读吧！

（生齐读四个带生字的句子）

板块二 轮读故事，整体感知

师：认识了生字，老师要请你们根据提示来读读课文段落。好，第1个提示是"小壁虎为什么要去借尾巴"？想一想这个问题的答案是课文的哪部分？你来读。

（请一生站起来读课文第1自然段）

师：请你再想一想，读到这儿停下来对不对？小壁虎借尾巴的原因说清楚了吗？（该生摇头）那你再读一遍，好吗？

（该生读课文第1、第2自然段，小朋友读完后板贴课文第1幅插图）

师：第2个提示是"小壁虎先向小鱼姐姐借尾巴"。你来读。

（请一生读第3自然段，小朋友读完后板贴课文第2幅插图）

师：第3个提示是"小壁虎向小鱼姐姐没借到尾巴，又向牛伯伯去借"。你来读。

（请一生读第4自然段，小朋友读完后板贴课文第3幅插图）

师：第4个提示是"小壁虎向牛伯伯还是没借到尾巴，再向燕子姐姐去借"。你来读。

（请一生读第5自然段，小朋友读完后板贴课文第4幅插图）

师：第5个提示是"小壁虎向燕子姐姐仍没借到尾巴，最后只能难过地回家去"。你来读。

（请一生读第6、第7自然段，小朋友读完后板贴课文第5、第6幅插图）

师：小朋友，刚才我们把《小壁虎借尾巴》这个故事读了一遍，现在我们能看着黑板上的图画，和老师合作着简单地来说一说这个故事？

师：《小壁虎借尾巴》这个故事先讲小壁虎的尾巴——

生：被蛇咬断了。

师：它要去——

生：借一条尾巴。

师：小壁虎向哪些人借尾巴了？结果借到尾巴了吗？

生：小壁虎向小鱼姐姐、燕子姐姐和牛伯伯借尾巴，结果都没有借到尾巴。

师：小壁虎难过地回到家里，妈妈却告诉它一个好消息。这个好消息是——

生：它长出了一条新尾巴了。

师：读着读着，我们不知不觉地把故事的主要内容读明白了。

板块三　理解故事，读好语言

师：那故事为什么不像我们刚才讲的那样，用几句话就写完，多省力啊！

生：不可以的，那样故事就不好听了。

师：那好听的故事是怎样讲的呢？我们先来看小壁虎为什么借尾巴这部分。

（PPT 出示课文第 1、第 2 自然段，请一生读）

师：你刚才其他地方读得都挺不错，就两个地方可以改进。一个是"一挣"，一个是小壁虎想的那个段落。读好句子，前提是要先理解句子意思。那什么是"一挣"呢？我请一位小朋友和我合作来演一演。

（请一生上台）

师：你演小壁虎，把右手伸到屁股后面当尾巴。瞧，我的左手虎口张开，就表示是蛇的嘴巴。现在注意了啊，蛇咬住了小壁虎的尾巴（教师用左手"咬住"小壁虎的"尾巴"）。小壁虎，这时候你怎么做？

（该生赶快用力一挣）

师：你刚才为什么不慢慢地甩开，而是要那么用力地挣脱？

生：被蛇咬住了，很危险的，我得赶紧逃。

师：那你想想，这个"一挣"该怎么读？

（生读该句，"一挣"读得干净、有力）

师：这样读就读出味道了。我们一起来读一读第1自然段。

（生齐读第1自然段。）

师：挣断了尾巴的小壁虎到底是怎么想的呢？请你读第2自然段。

（生读，语气一般）

师：是啊，"没有尾巴多难看哪"，小壁虎可着急了。如果你能加上动作读，会让我们更加感受到小壁虎的着急。

（生两手一摊、皱着眉头读，一副着急又难过的表情）

师：对了，这样读，就读出了小壁虎既着急又难过，他想——你接着读。

（该生再次读"向谁去借一条尾巴呢"）

师：这是小壁虎在想，在思考。你也可以加上动作读。

（生一边用右手食指对着太阳穴转圈，一边读，明显比上一次有进步）

师：加上动作读，我们更容易走进小壁虎的心里，理解他心里的想法。我们一起加上动作读一读。

（全班加上动作齐读）

师：小壁虎都向谁借尾巴，为什么会借不到尾巴的呢？我们再到课文里去寻找答案。请小朋友自由读第3~5自然段，完成下面学习任务。

（出示"学习活动二"要求，生自主学习，完成任务）

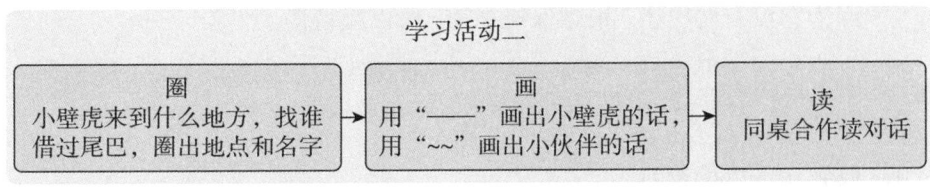

师：小壁虎来到什么地方？找谁借过尾巴？你圈出了哪些地点和名字？

生：小壁虎来到小河边，找小鱼借尾巴；来到大树上，找老牛借尾巴；来到房檐下，找燕子借尾巴。

（师根据回答，在PPT里圈出相应的词汇）

师：还有谁有不同意见？

（没有生举手）

师：看来大家都找圈对了。我们一起连着说一说。

（全班连起来说）

师：现在我们不看课文，谁能告诉老师小壁虎来到什么地方、找谁借尾巴。

（学生说，教师根据学生说的，分两列板贴卡片，第一列是地点"小河边、大树上、房檐下"，第二列是人物"小鱼、老牛、燕子"）

师：课文里并不是像我们说的这样写的。课文里是这样写的——

（PPT呈现以下三个句子，请学生读）

1. 小壁虎爬呀爬，爬到小河边。他看见小鱼摇着尾巴，在河里游来游去。

2. 小壁虎爬呀爬，爬到大树上。他看见老牛甩着尾巴，在树下吃草。

3. 小壁虎爬呀爬，爬到房檐下。他看见燕子摆着尾巴，在空中飞来飞去。

师：课文为什么要写"爬呀爬"？

生：因为小壁虎爬得慢。

师：想一想，小壁虎为什么爬得慢呢？

生：因为它还小，腿很短，所以爬得慢。

生：因为它刚刚被蛇咬过，很小心，所以就爬得慢。

生：因为它没有尾巴了，很难保持平衡，所以爬得慢。

师：小朋友理解得真好！所以，这个"爬呀爬"该怎么读？

生：（略微拖长声音）"爬——呀——爬——"

师：放到句子里读读看。

（生把"爬呀爬"适当拖长声音，读出爬得缓慢的感觉）

师：小壁虎就这样慢慢地爬到小河边，看见小鱼——

生：摇着尾巴，在河里游来游去。

（师板贴词卡：摇着尾巴）

师：小壁虎又慢慢地爬到大树上，看见老牛——

生：甩着尾巴，在树下吃草。

（师板贴词卡：甩着尾巴）

师：小壁虎再慢慢地爬到房檐下，看见燕子——

生：摆着尾巴，在空中飞来飞去。

（师板贴词卡：摆着尾巴）

师：小朋友，我们看着黑板一起来说一说。小鱼是——

生：摇着尾巴。

师：老牛是——

生：甩着尾巴。

师：燕子是——

生：摆着尾巴。

师：那我可不可以换一换呢？（师把"摆着尾巴"的词卡移到老牛卡片的后面，把"甩着尾巴"移到燕子卡片的后面）

生：不可以这样换。

师：为什么不可以？

生：因为老牛的尾巴是这样甩来甩去的。（生边说边用手臂做"甩"的动作）不是像燕子一样的。

师：不是像燕子一样的。那燕子是怎么摆的？你能不能也做做动作？

（生笑，用手掌做了一个类似"摆"的动作）

师：燕子的尾巴像一把剪刀。我们可以伸开双臂来表示。那这个"摆尾巴"的动作该怎么表示？

（生纷纷伸出双臂，一会儿左高右低，一会儿右高左低，做出"摆"的动作）

师：所以小朋友，这个和尾巴有关的动作啊，每个动物都有自己的特点，可不能乱用哦！第一个学习步骤大家完成得很好，第二个步骤画出人物说的话，你们都画好了吗？谁来读一读？

（请一生读，师在PPT里相应画出，其他学生校对）

师：有画得不一样的吗？

生：我把前面的谁谁说也画进去了。

师：这个叫提示语，不是人物在说话，所以不能画进去哦。赶快擦掉吧！

（生订正）

师：现在，我把人物和他们说的话都请出来了。

（PPT出示下面内容）

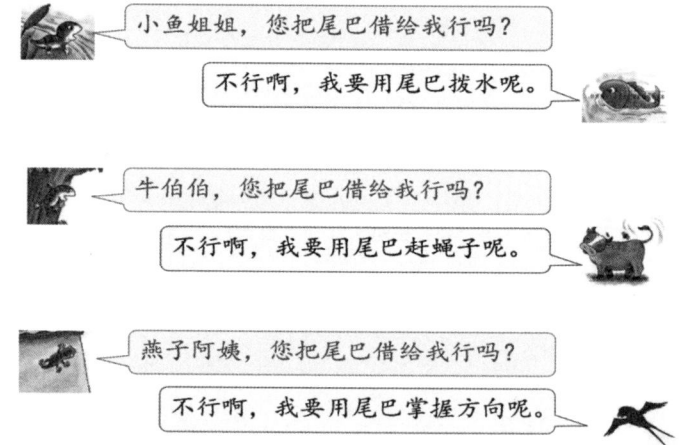

师：请同桌两个合作读一读，一人读小壁虎的话，一人读其他小伙伴的话。读完后想一想，小壁虎借不到尾巴，是因为它没有礼貌吗？你的判断理由是什么。

（生同桌合作读）

生：小壁虎借不到尾巴，不是它没有礼貌。它的称呼很有礼貌，叫"小鱼姐姐、牛伯伯、燕子阿姨"。

生：还有"您"字也说明小壁虎很有礼貌，很尊敬它们。

生：小壁虎不是说必须要借给他，他用了"行吗"，是在问他们可不可以。

师：你们体会得很好！我们就有礼貌地替小壁虎向三位伙伴借一借尾巴吧。

（生读好三个问句）

师：小壁虎这么有礼貌，还是借不到尾巴，主要的原因是什么？

生：大家的尾巴都有自己的用处。

师：具体什么用，请说清楚。

生：小鱼的尾巴用来拨水；老牛的尾巴用来赶蝇子；燕子的尾巴用来掌握方向。

（根据学生回答，板贴词卡：拨水、赶蝇子、掌握方向）

师：每个人的尾巴都有自己的用处，没法借给小壁虎啊！所以，小伙伴说这些话的时候，不是不想借，而是实在不行，不方便啊。那你们能读好吗？我来读小壁虎的话，你们读小伙伴的话。

（师生合作读）

师：小壁虎借不到尾巴，心里很难过。他爬呀爬，爬回家里找妈妈。当小壁虎把借尾巴的事告诉了妈妈，妈妈却说——

生：（齐）傻孩子，你转过身子看看。

师：小壁虎转身一看，高兴得叫了起来——

生：（高兴地）我长出一条新尾巴啦！

师：真是太让人高兴了！小壁虎的尾巴竟然自己长出来了！读到这里，你发现小壁虎的尾巴有个特殊的功能，叫——

生：（兴奋地齐喊）再生功能。

师：真好！我们不仅读懂了故事，还了解了不少尾巴的功能呢！下面老师请你来判断一下这些句子说得对不对，还要从课文中找出理由哦！

（PPT 逐句呈现以下内容，请学生判断，并用课文里的语句作为依据）

1. 壁虎会断尾逃生。（对。句子：小壁虎一挣，挣断尾巴逃走了。）

2. 壁虎的尾巴有再生功能。（对。句子：小壁虎转身一看，高兴地叫起来：

"我长出一条新尾巴啦！"）

3. 鱼的尾巴是可以挡水的。（错。句子：我要用尾巴拨水呢。）

4. 牛的尾巴是用来赶蚊蝇的。（对。句子：我要用尾巴赶蝇子呢。）

5. 燕子的尾巴是用来剪东西的。（错。句子：我飞的时候，要用尾巴掌握方向呢。）

板块四　根据图式，迁移说话

师：小朋友，我们再来想象一下，如果小壁虎继续借尾巴，他还会爬到哪里？看见谁在干什么？他又会怎么借尾巴？学着课文的样子说一说。

（PPT出示课文的语言图式，帮助学生说清楚）

小壁虎爬呀爬，爬到（　　）。他看见（　　），在（　　）。小壁虎说："（　　）？"（　　）说："（　　）。"

生：小壁虎爬呀爬，爬到大树上。他看见小松鼠撑开尾巴往下跳。小壁虎说："松鼠哥哥，您把尾巴借给我，行吗？"松鼠说："不行啊，我要用尾巴降落呢。"

生：小壁虎爬呀爬，爬到森林里。他看见小猴叔叔卷着尾巴荡来荡去。小壁虎说："猴叔叔，您把尾巴借给我，行吗？"猴子说："不行啊，我要用尾巴荡秋千呢。"

板块五　观察比较，写好汉字

师：我们还要来学写7个生字。谁能根据结构给汉字分分类？

生：这7个生字分成四类——左右结构：捉、姐；半包围结构：爬、房；上下结构：条、您；上中下结构：草。

师：老师重点指导"爬、房、条、您"，其余三个汉字要请你们自己观察，然后把它们写好。

（教师重点指导"爬、房、条、您"四个生字，引导学生先观察再看老师范写。学生练写后点评，再写一个，并把相同结构的字也跟进练写）

爬："爪"捺要舒展，"巴"要写得小，在"爪"捺的中部偏上。

房："方"横伸出户字头，横折钩的折稍出户字头。

条：上放下收，"木"字横在上面的撇捺里并齐平，竖钩穿插上面。

您：下比上扁、宽，"你"的"尔"撇穿插到单人旁。

师：汉字我们不光会单个书写，还能在语境中写。请小朋友读一读，写一写。

（学生读写，然后交流反馈，订正）

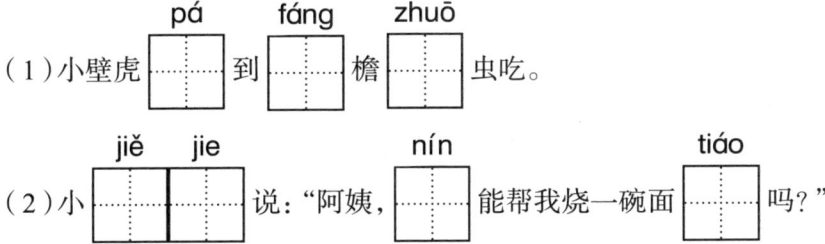

（1）小壁虎 ⬚(pá) 到 ⬚(fáng) 檐 ⬚(zhuō) 虫吃。

（2）小 ⬚⬚(jiě jie) 说："阿姨， ⬚(nín) 能帮我烧一碗面 ⬚(tiáo) 吗？"

《狐假虎威》课堂实录
（第一课时）

板块一　自读课文，整体感知

师：小朋友好！今天，我们一起来学习一篇课文，课题是《狐假虎威》。课前读过了吗？

生：（拖音）读——过——了——

师：你们平时说话也这样的吗？用平常的语气语调说话。我再问一遍，课文读过了吗？

生：（正常语速）读过了。

师：很好，既然读过了，我们准备上课。小朋友，今天我们学的这篇课文叫——

生：狐假虎威。

师：通过预习，你知道"狐"指谁？

生：狐狸。

师：很好，"狐"指的是狐狸。那"虎"指谁？

生：老虎。

师：是的。课题里还有两个生字，一个是"假"，一个是"威"。这两个生字在故事中指的又是什么意思？不急着回答。老师请大家打开课文，再读一读《狐假虎威》。这一回读，给你两个阅读建议：一是借助拼音把课文读正确，读流畅。也就是预习过程中，你读不流畅的地方，这次要把它读好。第一个要求明白了吗？

生：（齐）明白了。

师：好。第二个要求：想一想，故事中哪一句话直接写出了"狐假虎威"的意思？请你画出来。两个要求放心里。头正，身直，书拿好，开始读。

（生自由读课文，直至声音渐轻）

师：想一想哪一句话直接写出了"狐假虎威"的意思？请你用微笑点头的方式告诉我你已经画好了。（很多学生笑着点头）好，没画好的同学请把笔放下，做任何事情都是有时间限制的。朗读前，我们提出了两个要求，第一个要求是什么？

生：读课文。

师：对，读课文。从你们朗读声停止那一刻，我知道你们都认为自己读正确，读流畅了。这篇课文很长，很容易读的句子，我不检查。我检查什么呢？课文中有三句话，里面有很多生字，看看这三句话你会不会读。这三句话会读了，我相信整篇课文你肯定会读了。第一句，谁来？

（PPT出示第一句话，把"转"标蓝，"扯、嗓"标红）

狐狸眼珠子骨碌碌一转，扯着嗓子问老虎："你敢吃我？"

（请一生读，读得正确、流畅）

师：掌声送给她，她的的确确靠自己的努力把这么难读的一句话读好了。像她一样，我们一起来读。

（全班学生齐读）

师：这个句子里有三个生字。第一个生字（转）是蓝色的，这是一个——

生：多音字。

师：对，这是一个多音字。在这一课里读四声，zhuàn。你们看（教师以左脚为指点，旋转身体），围绕一个中心在运动，就叫"转"。那你还知道在哪些词语中，也读转（zhuàn）？

生：转动。

生：转圈。

生：打转。

生：旋转。

师：很好，你们懂了。我们一起读一读这些词。

（PPT出现"转圈、转动、旋转"，学生齐读）

师：我们一年级的时候，还学过这个字的另外一个读音是？

生：zhuǎn。

师：什么时候读转（zhuǎn）呢？

生：转身。

生：转头。

生：转向。

师：表示改变方向的时候读转（zhuǎn）。这里还有两个词（扯着、嗓子），一个是——

生：扯着。

师：（走到一生面前）请你起立。我们看她的衣服，本来是松松垮垮的，对不对？我一扯，她的衣服就拉紧了。看老师"扯"这个动作和什么有关？

生：手。

师：对，所以"扯"这个字是什么偏旁？

生：提手旁。

师：用手拉，让事物停止，就是"扯"。我把这个字请到黑板上，这是我们今天要学的生字。还有一个生词，读——

生：嗓子。

师：注意"嗓子"两个字都是平舌音，再读。

生：嗓子。

师：嗓子在哪里？用手摸一摸自己的嗓子。

（生齐刷刷摸喉咙）

师：不对不对，这里是喉咙。我们有时候嗓子痛，嗓子在口腔下去一点的地方呢！所以，发现没有，"嗓"这个字是什么偏旁？

生：口字旁。

师：对！右边是个桑叶的桑。那"扯着嗓子"说明把嗓子怎么样？

生："扯着嗓子"就是把嗓子拉得紧紧的。

师：对极了！我们一起再来读一读这句话。

（生齐读该句）

师：第二句也是三个生字（"派、违、抗"标红）。最后的女同学来读一读。

（PPT出示第二句话）

"老天爷派我来管你们百兽，你吃了我，就是违抗了老天爷的命令。我看你有多大的胆子！"

（该女生读，读得正确）

师：第一个生字是什么？

生：派。

师：这个字是什么意思呢？你知道，那你说。

生：派一个人到一个地方。

师：这么理解的话，"派"是用嘴巴或是用手指派，应该用"口字旁"或"提手旁"，为什么是"三点水"呢？

生：因为有水。

师：你的感觉是对的，但没说清楚。看，这是我们古时候的"派"字，它是这样写的（出示"派"的甲骨文）。

师：古人为什么把"派"字写成这样呢？瞧，古人是根据江河水域分布的形状写出来的。（出示长江流域水系图）这是长江流域的水系图，这条红色的线表示主流，是长江；边上这些蓝色的线表示支流，是河流。古时候的"派"字和水系图是不是很像？"派"就表示由主流分出去的支流。后来就慢慢地把表示水的部分，写成三点水旁，表示支流的部分写成了右边这个部件。那你现在知道"派"为什么是三点水旁了吗？

"老天爷 pài 派 我来管你们百兽，你吃了我，就是违 wéi kàng 抗 了老天爷的命令。我看你有多大的胆子！"

生：因为"派"和江河有关。

师：对。江河的支流就叫——

生：派。

师：那课文中是谁派谁出去了？

生：老天爷派狐狸。

师：明白了吧？在这里，"派"指的是派遣。狐狸说自己是老天爷派遣它来管理百兽的。读这个词。

生：派遣。

师：我把"派遣"这个词也请到黑板上。还有一个词叫？

生：违抗。

师："违抗"的意思就是——

生：反抗，不听他的话。

生：和他对着干，不听话。

师：是啊，违抗就是违背、不听话的意思。我们一起读一读这个词。

（生齐读）

师：我把大拇指送给你们。你们现在读词语的时候，不拖音，声音洪亮，真好！第三句话虽然有生字，但是不难，我们一起读一遍。

（PPT出示第三句话：

老虎信以为真。其实他受骗了。原来，狐狸是借着老虎的威风把百兽吓跑的。

生齐读第三句话）

师：现在，我相信小朋友们能够把课文读正确、读流畅了。还有第二个问题，想一想，文中哪一句话直接写出了"狐假虎威"的意思？你画的是哪一句？

生：原来，狐狸是借着老虎的威风把百兽吓跑了。

师：你找对了！要是像说话那样读，读得自然一点就更好了。愿意再试试吗？

（生再读，读得比较自然）

师：掌声送给这位姑娘。一起像这位姑娘一样，读一遍。

（全班学生齐读）

师：以后明白了，读书要像——

生：说话一样自然。

师：对，这样的读书声音让人听着最舒服。好，这句话找到了。那我要问问你，这句话里哪一个词是在说"威"的意思？你说说看。

生：威风。

师：你威风的时候是什么样子的？

（生动作表现"威风"的样子）

师：他威风的时候，昂起头，抬起下巴的。你又会怎么表现？带上动作读一读这个词。

（生带动作齐读"威风"）

师：太好了。那"假"在这句话里指的是？

生：借着。

师：是的，所以有个词叫——（出示词卡：假借）

生：假借。

师："假借"就是去借助别人的力量，所以都有单人旁。一起读。

（生齐读）

师：现在"狐假虎威"这个词里每个字的意思你们都知道，谁会连起来说"狐假虎威"的意思？

生：狐狸假借老虎的威风。

师：掌声送给她。"狐假虎威"的意思就是——

生：（齐）狐狸假借老虎的威风。

板块二　抓关键词，读懂故事

师：那老虎到底威风在哪里呢？快速读课文，在文中找一找相关语句。

生：大大小小的野兽吓得撒腿就跑。

师：对，这个句子直接写出了百兽怕老虎，说明老虎很威风。还有吗？

生：第1自然段。

（PPT出示第1自然段：

在茂密的森林里，有一只老虎正在寻找食物。一只狐狸从老虎身边窜过。老虎扑过去，把狐狸逮住了。）

师：你从哪里读出了老虎的威风？

生：我发现老虎一把就把狐狸逮住了。

师：是"一把"吗？老虎是怎么过去逮狐狸的？

生：扑过去。

师：对，一边读一边想象这个画面。

（生齐读，声音软绵绵的，不够有力量）

师：老虎是很有力量的，很凶猛的，对不对？这么软绵绵的声音，一点力量也没有，百兽还会怕它吗？我们再来试一试，要读出老虎的威风啊。

（生再次齐读，有些同学忍不住边读边作出了"扑"和"逮"的动作）

师：你看，读这一遍的时候，有些小朋友读着读着，动作就出来了。我们也来学学他们，带上动作读一读。

（生齐读，根据自己的理解做动作，非常投入）

师：真好，这就叫会读书！可是，小朋友再想一想，要是这只狐狸像我这样慢慢悠悠地走，被老虎逮住，也不稀奇啊。再仔细读读这一段，你还有什么发现？

生：狐狸是窜过去的。"窜过去"就是很快地跑过去。

师：你用动作来表示，什么叫"窜过去"？

（生快速地从座位上跑到老师面前，其他学生看得跃跃欲试）

师：他做得对不对？

生：对！

师：那你再窜回到位置。

（学生开心地"窜"回座位）

师：好！我读这段话的前面一句，你们读后面两句，看看能不能读出狐狸的动作快速、老虎的威风？

（师生对读）

师：就是这样一只威风的老虎。你们想想看，百兽看到了，会怎么样？

生：害怕。

师：对呀，要是被他抓住，就怎么样？

生：死定了。

师：是呀，这只狐狸被老虎抓住想来也是死定的。可是狐狸却眼珠子一转，就在这个眼珠子一转的过程中想出了办法。它想到了什么办法？你说。

生：狐狸骗老虎，说他是老天爷派来管百兽的。

师：狐狸到底是怎么骗，怎么去假借老虎的威风呢？请小朋友读一读课文第2~6自然段。读完以后用横线画出狐狸说的话。

（生自由读课文第2~6自然段）

师：哪三句话？好，你来说第一句。

生：（读）你敢吃我？

师：很好，第二句。

生：（读）老天爷派我来管你们百兽，你吃了我，就是违抗了老天爷的命令。我看你有多大的胆子！

师：很好。第三句。

生：（读）我带你到百兽面前走一趟，让你看看我的威风。

师：句子都找对了。其他小朋友也都找对了吗？画错了的，没关系，马上改过来。改好后，我们一起来读一读这三句话。

（生齐读三句话）

师：如果狐狸说话像你们刚才读的这样，狐狸可不可能骗到老虎？

（生摇头）

师：你们自己都摇头了，不可能的。要是狐狸真像你们刚才读书这样说话，老虎一听，就知道狐狸是在骗他。看来，狐狸说的这三句话，一定不是像你们刚才这样的。狐狸到底会怎么说呢？我们先来看第一句。

生：（齐）你敢吃我？

师：这句话前面有个提示语，是什么？

生：扯着嗓子。

师：刚才我们讲过，扯着嗓子就把嗓子拉起来。谁能拉紧嗓子读一读？你来读。

生：（略微扯紧嗓子）你敢吃我？

师：不错，可以把嗓子扯得再紧些。谁再来试一试？

生：（扯紧嗓子）你敢吃我？

师：真好，掌声送给他。你看，狐狸扯着嗓子说"你敢吃我？"，那意思就是你老虎敢不敢吃？

生：不敢。

师：对，是不敢。读的时候啊，像他一样把嗓子扯起来，我们读一读。

生：（扯紧嗓子齐读）你敢吃我？

师：哇，狐狸这么一说，真的把老虎给吓坏了，老虎怎么样？

生：老虎吓得一愣。

师：什么叫一愣？我是狐狸，你们是老虎，我们一起来读一读，演一演。准备——你敢吃我？

生：（表现出"一愣"）为什么不敢？

师：是啊，老虎逮住了狐狸，要吃狐狸是很正常的。这只小狐狸却扯起嗓子反问老虎，把老虎给吓得愣住了。现在，你们当小狐狸，我来做老虎。

生：（扯紧嗓子）你敢吃我？

师：（接读）为什么不敢？

（师生合作非常好）

师：第一句，狐狸就是这么说的。第二句，狐狸又会怎么说？请边读边想象，狐狸会有什么动作？说话的语气是什么样？

（请一生读，读得不错，但没有动作，站得直直的）

师：狐狸这样一动不动站着说这句话，你们觉得能不能骗到老虎？

生：狐狸说话的时候不会一动不动的，他会有动作的。

师：对！我也这么想。谁再来试一试？

（生加上动作朗读第二句话，又是拍胸脯，又是用手指天）

师：他读这句话的时候，有动作了。有哪几个动作？

生：拍胸脯，指着天。

师：对！他又是指天，又是拍胸脯地证明——我真的是老天爷派来的。现在，请你们全体起立，每个人都把自己当成这只狐狸，想一想这个时候，狐狸会怎么说这句话，把它读好。

（生全体起立，边读边表演）

师：很好，你们读得很有气势。尤其最后一句是什么标点符号？

生：感叹号。

师：说明这个地方还要再加重语气。最后一句，我们加重语气再读一读。

生：（齐）我看你有多大的胆子！

师：对，这就叫有气势。看样子，狐狸真把老虎怎么样啦？

生：把老虎吓蒙了。

师：你瞧，狐狸这么一吓，老虎把爪子松开了。这个时候，狐狸知道自己的计谋得逞了，他安全了。第三句话，又该怎么读？

（请一生读，该生读得很有气势）

师：请你仔细看，狐狸说这句话的时候，前面有一个动作，是什么？

生：摇了摇尾巴。

师："摇了摇尾巴"说明了什么？

生：说明狐狸现在很得意。

生：说明狐狸知道自己安全了，很开心。

师：对呀！读这句话不像前面两句，这时候狐狸是开心的，是得意的。谁来读？

（生做摇尾巴动作，得意洋洋地读该句）

师：这样读才叫把文章读懂了。好，我们知道狐狸就是借助语言来假借老虎的威风。现在我读提示语，你们读狐狸的三句话，看看你们能不能读好。

（师生对读）

师：太厉害了，原先一开始拖音的同学，现在你们自己觉得自己读得怎么样？

生：读得很好。

师：那就给自己点掌声吧。

（生为自己鼓掌）

师：课堂就应该这样，不断学习，不断进步。这只傻老虎啊真的跟着狐狸往森林里走，狐狸神气活现，摇头摆尾，老虎半信半疑。森林里的小动物都被吓住了。但是我们小朋友知道，真正把小动物们吓跑的是谁呀？

生：老虎。

师：对，下一节课我们借助这些词语，再来表演，好不好？今天这节课，老师根据前半部分编了一首小儿歌，这首小儿歌里有很多生字的，我们一起拍手来读一读。

（PPT出示儿歌：

狐假虎威

老虎出来找食物，

活捉一只小狐狸，

小狐狸，眼珠转，

扯起嗓子骗老虎：

老天派我管百兽，

谁敢违抗此命令！

老虎听了以为真，

吓得爪子松开了，

松——开——了。

师生齐读儿歌）

师：（去掉儿歌里的熟字，剩下本课生字）这一遍没有儿歌了，这些字还认识吗？

（生认读生字）

板块三　观察比较，写好汉字

师：这一课里还有几个字是要我们写的。仔细看看，这里有"食""物""活"三个生字。别忙着写，仔细看，哪个字最难写？

（PPT 出现田字格中的三个生字）

  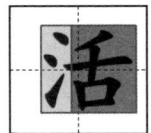

生：食。

师：我也觉得"食"最难写，因为"物"和"活"都是左右结构，左右结构的字，我们二年级小朋友写过很多了。这个"食"字有两部分，上面是——

生：人字头。

师：下面是——

生：良。

师：对的，由两部分组成。仔细看，当人字头很舒展的时候，下面的"良"有一个笔画发生变化，"捺"改成了"点"。这个笔画千万不要写错。如果你再写捺，那两个捺就要互相踢脚了。所以下面这个捺要改成——

生：点。

师：上面人字头要舒展，下面的"良"要紧凑。请小朋友都伸出右手手指，跟我一起写。

（师示范书写，生用手指跟着书空）

师：好，小朋友拿起笔，像老师一样，认真把"食"描一个写一个。我看到有些小朋友的脊背上有一把小直尺，背直直的，真好。同桌互相检查一下，检查"人字头"是不是写得舒展了，检查"捺"是不是改成"点"了。如果两点都做到了，请把大拇指送给他。

（同桌互相检查）

师：我看到很多大拇指，很好。再看后面两个字都是左右结构，并且这两个字都符合一个什么特点？

生：左窄右宽。

师：好，我和大家一起写一个"物"，第二个要你们自己独立写。手指准备好了吗？"牛"作偏旁的时候要注意——

生：长横变成提。

师：聪明，长横变成提。右边写的时候，横折钩要写得宽一点，上面的撇短一些，下面的撇长一些，注意左窄右宽。

（生练写"物"，然后自主练写"活"，交流点评后再各练写一个）

师：那我们今天就学到这里。下课。小朋友们再见！

生：老师再见！

《村居》教学实录

板块一　创设情境，温故导入

师：小朋友们，我们已经学过了很多古诗。其中，有的古诗描写了古时候的儿童在乡村生活的场景，我们来看一看（课件出示《小池》插图），看到这一幅图画，你想到了哪一首诗？

生：这首诗是《池上》。

师：你能试着背一背吗？

生：小娃撑小艇，偷采白莲回。不解藏踪迹，浮萍一道开。

师：真厉害，第一个举手的同学就立马想到了这首古诗。大家看，在白居易的笔下，古时候的这个小朋友，正撑着一条小船，偷偷地去池里采白莲玩。我们接着看（课件出示《小儿垂钓》插图）这幅图画，你又想到了哪首古诗？

生：这首古诗是《小儿垂钓》。

师：你能试着背一背吗？

生：蓬头稚子学垂纶，侧坐莓苔草映身。路人借问遥招手，怕得鱼惊不应人。

师：真好。大家看，在胡令能的笔下，小朋友正在钓鱼呢！瞧他的神情，多么专注啊！我们再来看（课件出示《宿新市徐公店》插图），仔细观察，这个小朋友又在干吗呢？

生：我看到黄蝶。

师：没错，这个小朋友正在捉蝴蝶呢！有一位诗人杨万里，看到了这样的场景，就用诗句把它写了下来（课件出示诗句"儿童急走追黄蝶，飞入菜花无处寻"），读——

生：（齐）儿童急走追黄蝶，飞入菜花无处寻。

师：你看，古时候的儿童，乡村生活是丰富多彩的。今天，我们就继续来学习一首描写乡村生活的古诗，一起读课题。

生：（齐）《村居》。

师："居"是什么意思呢？

生："居"就是"居住"的意思。

师：居住在哪里呢？

生：居住在乡村里。

师：对了，这首诗描写的就是清朝诗人高鼎居住在乡村时候看到的景色。大家再看这个"村"字，是我们这节课要写的生字。观察一下，你觉得怎么样才能写好？先来说说结构上有什么特点。

生：左右结构的字，左边要写得小一点，右边要写得大一点。

师：更准确地说，"村"是左右结构，要写得左窄右宽（课件上用不同色块标注，左边色块窄，右边色块宽）。再观察下左右两边的横画，你又有什么发现？

生：左边"木"字的横要稍微高一点，右边"寸"的横要稍微低一点。

师：她发现了左右两横的高低关系，左边高，右边低，两横互相避让。还有吗？

生：都在横中线上，右边这一横长一点。

师：是的，我们一起来写一写。要注意右边这一横要互相避让，写得稍微低一点。

（师范写，生跟着书空）

师：请大家打开语文书，在语文书上，先描一描，再写两个。

（生自主练写，师巡视指导）

板块二　学习字词，读通古诗

师：接下来，就让我们一起走进古诗，看看高鼎笔下的乡村生活是怎么样的。请大家自由地朗读古诗，争取把字音读正确，把诗句读通顺。

（生自读古诗）

师：哪位同学愿意来读一读这首诗？其他同学仔细听，诗句中的五个生字，他念准了没有？

生：（声音响亮）草长莺飞二月天，拂堤杨柳醉春烟。儿童散学归来早，忙趁东风放纸鸢。

（生把"散"字读成了翘舌音）

师：我来问问，她的生字读准了吗？

生：念准了。

师：是的，你听得很仔细，生字都念准了。但是，有个字如果平舌音念得再准点就更好了。请你再读读第三句，注意"散"字的读音。

生：（正确、流利地朗读）儿童散学归来早。

师：真好！生字都念准了，这个"散"字的读音也比第一次读得好。再请一位同学来读一读。

生：（大声朗读）草长莺飞二月天，拂堤杨柳醉春烟。儿童散学归来早，忙趁东风放纸鸢。

（"堤"念成了"提"的音）

师：读得真努力，可惜有一个生字的读音念错了，谁听出来了？

生：他把"堤"字读错了。

师：是的，请你看着拼音再来读一读。

生：（正确、流利地朗读）拂堤杨柳醉春烟。

师：我们像这两位同学一样，看着拼音，也来读读这首古诗，争取读正确、读流利。

生：（齐）草长莺飞二月天，拂堤杨柳醉春烟。儿童散学归来早，忙趁东风放纸鸢。

师：这五个生字当中，有几个生字特别难读，跟着老师读，拂——

生：（齐）拂。

师：观察一下"拂"这个生字，这个动作可能和什么有关系？

生：我觉得可能跟手有关。

师：是的，它的左边是一个提手旁。大家看，用手轻轻地擦过，这就叫作"拂"（边说边做抚摸的动作）。我们用手来拂拂自己的脸蛋，再用手来拂一拂你的桌面（学生随着老师的描述，做相应动作）。像这样用手轻轻地擦过，用一个字来说，就叫作——

生：（齐）拂。

师：在古诗当中，拂的是什么？

生：堤。

师：没错。在生活中你见到过堤吗？

生：我在小河边看到过堤。

师：其实在我们杭州啊，也有很有名的堤，你们知道吗？

生：知道，苏堤和白堤。

师：是的，我们一起来读读它们的名字——

生：（齐）白堤，苏堤。

师：刚才有同学说，在河边看到过堤，造在小河边的堤，我们可以叫它——

生：河堤。

师：如果是造在江边，我们可以叫它——

生：江堤。

师：这些堤造在河边、江边，它们有什么作用呢？

生：我觉得应该是防止水漫上来。

师：是的，防止水漫上来的。不管是江堤，还是河堤，它们一般都是用土或者石头建造起来的，所以它的左边是一个——

生：提土旁。

师：我们把这两个生字，放到诗句当中，再来读一读。

（课件出示：拂堤杨柳醉春烟，并配上诗意情境图）

生：（齐）拂堤杨柳醉春烟。

师：春天的江面上，有许许多多的水汽，这些水汽聚集在江面上，就好像白白的烟雾。如果用诗句中的一个词来说，这样的景象叫什么？

生：春烟。

师：这样美丽的景色，柳树好像也醉了。跟着老师读读这个生字，醉——

生：（齐）醉。

师：你有什么办法记住这个"醉"字？

生：左边是一个"酒"字去掉三点水。

师：真好，你观察到了这个字的偏旁。"酒"去掉三点水，这个字念"酉"。古时候的这个"酉"，是这样写的（出示金文"酉"）。它的样子像什么？

生：像小船。

生：反过来有点像小树。

师：真难为大家了。大家看（课件出示酒坛子），古时候的这个"酉"字就表示酒坛子，所以这个"醉"字，一般和酒有关系。你能不能给它组个词？

生：喝醉。

师：对了，酒喝多了，就醉了。

生：醉拳。

生：沉醉。

师：是的，我们看到优美的风景，就会沉醉其中。

生：陶醉。

师：是呀，美丽的景色，会让人陶醉。"让人陶醉"也可以说是——

生：醉人。

师：老师也给大家带了一些带"醉"的短语，一起读——

生：（齐）美丽的风景令人陶醉；美妙的音乐使人如痴如醉。

师："醉"有这么多的意思，你觉得在"拂堤杨柳醉春烟"这句诗中"醉"是什么意思呢？

生：是诗人看到了早晨的春烟，他陶醉了。

师：还有同学想说吗？

生：美丽的风景让人陶醉。

师：是啊，这样的风景，让谁好像也陶醉了？

生：杨柳。

师：是的，柳树看到这样的美景，仿佛也陶醉了。当然，诗人高鼎肯定也陶醉了。我们带着刚才这样的感觉，再来读读这句诗。

生：（齐）拂堤杨柳醉春烟。

师：生字我们都会读。接下来，我们再来读读这首诗，争取读流利。

生：（齐）草长莺飞二月天，拂堤杨柳醉春烟。儿童散学归来早，忙趁东风放纸鸢。

板块三　想象画面，读懂美景

师：通过刚才的学习，我们已经能够把这首古诗读正确了，很多小朋友读得也很有节奏。其实，我们读古诗，还要读出一个一个画面。接下来，就请大家再次朗读这首古诗，想想在这首古诗当中，描写了春天的哪些景物，用笔圈画出来。

（生自读古诗，圈画）

师：你看到了什么景物？

生：我看到了黄莺。

生：我看到了纸鸢。

师：纸鸢就是我们现在说的风筝。

生：我看到了河面上的春烟。

生：杨柳。

师：是的，杨柳就是我们现在说的柳树。

生：我看到小草和儿童。

师：请同学们看大屏幕，这首诗一共写了六种春天的景物，如果你有少圈或者多圈，请大家修改一下。

（生校对，修改）

师：通过刚才短短的时间，我们就看到了这么多的景物，低头看，我们看到了——

生：小草。

师：抬头往树上看，看到了——

生：黄莺。

师：再往小河边看，看到了——

生：杨柳。

师：接着往河面上看，看到了——

生：春烟。

师：继续看，还有一群可爱的——

生：儿童。

师：天上还飘着许多美丽的——

生：风筝。

师：接下来，我们能不能展开自己的想象，把这一个个的景物想象成一幅幅的画面？待会儿，我想请同学们用"我仿佛看到了……"来说说自己看到的画面。

（生自己想象说话，同桌互相交流）

师：请你来说说，你仿佛看到了什么？

生：我仿佛看到了风筝在天上翩翩起舞。

师：说得多好，特别是"翩翩起舞"这个词语用得真好。你是从哪两句诗中想到的？

生：儿童散学归来早，忙趁东风放纸鸢。

师：真好，他仿佛看到了翩翩起舞的风筝。其他小朋友呢？

生：我仿佛看到了碧绿的杨柳拂过堤岸。

师：你刚才看到了堤旁的杨柳，再往江面上看，好像看到了什么？

生：江面上还有薄薄的春烟。

师：说得多好啊，你能连起来说一说吗？

生：我仿佛看到了碧绿的杨柳拂过堤岸，江面上还有一层薄薄的春烟。

师：说得多美啊，她给我们描绘了一幅春烟朦胧的景象。我们带着这样的想象，来读读第一句和第二句诗。

生：（齐）草长莺飞二月天，拂堤杨柳醉春烟。

师：你还仿佛看到了什么？

生：我仿佛看到小草在慢慢地生长，柳树轻轻拂过堤岸，小河上飘着一层春烟，小朋友在开心地放风筝。

师：他一口气说了这么多，好像他也跟着高鼎来到了乡村。（对该生）请你用朗读来表现你看到的景象。

生：（感情充沛）草长莺飞二月天，拂堤杨柳醉春烟。儿童散学归来早，忙趁东风放纸鸢。

师：读得真好！刚才很多小朋友都想到了儿童在放风筝，你能想象一下他们当时的心情吗？

生：他们的心情是很开心，迫不及待的。

师：你是怎么看出来的？

生：他们放学很早，一回来就放风筝了。

师：在诗句当中，哪个词语告诉我们，他们是迫不及待的？

生：忙趁。

师：是的，"忙趁"在这里就是"急忙、迫不及待"，急切地想去放风筝啊！你们在生活中有这样的体验吗？假如说，今天回家后，你没有任何的作业，你最想去干吗？

生：我想去 K 歌，逛超市。

师：假如你真的去唱歌，逛超市了，心里什么感受？

生：（笑眯眯的）开心啊！

师：还有同学想说吗？

生：我想和我的小狗一起玩。

师：是的，终于有时间一起玩了，你心里什么感受？

生：特别开心。

师：是的，其实乡村的小朋友，和大家一样，当春天来临的时候，他们好像什么事情都不想做了，就想趁着有东风的时候，赶紧去放风筝。我们带着刚才的想象和心情，来读读这两句诗——

生：（齐）儿童散学归来早，忙趁东风放纸鸢。

师：今天，我们学了这么一首优美的古诗，如果不把它背诵下来，实在太可惜了（课件出示：草、莺、杨柳、儿童、纸鸢，隐去其余文字）。谁能只看着这些景物来背诵一下古诗？

生：（正确、流利地背诵）草长莺飞二月天，拂堤杨柳醉春烟。儿童散学归来早，忙趁东风放纸鸢。

师：背得真好，特别是"醉"字读了重音，很有自己的体会。还有同学想试一试吗？

生：（正确、流利地背诵）草长莺飞二月天，拂堤杨柳醉春烟。儿童散学归来早，忙趁东风放纸鸢。

师：背得也很棒，会背的同学一起背——

生：（齐背）草长莺飞二月天，拂堤杨柳醉春烟。儿童散学归来早，忙趁东风放纸鸢。

师：现在我们加大难度。老师把字都去掉了，谁来试试看。

生：（正确、流利地背诵）草长莺飞二月天，拂堤杨柳醉春烟。儿童散学归来早，忙趁东风放纸鸢。

师：真厉害，我们一起试试看，不熟练的小朋友，可以跟着其他小朋友一起背。

生：（齐背）草长莺飞二月天，拂堤杨柳醉春烟。儿童散学归来早，忙趁东风放纸鸢。

板块四　观察比较，学写生字

师：我们今天学习了一首新的古诗，诗中还有两个生字，需要我们来写一写（出示汉字"诗、童"）。跟刚才的学习方法一样，先观察一下这两个生字的结构，你有什么发现？

生："诗"是左右结构的，左窄右宽。

师：那么"童"字呢？

生：上短下长。

师：你自己想出了一个词语，"童"字上面的"立"要写得扁一点，下面的"里"要稍微长一点。这是结构上的特点，这两个字横画特别多，你觉得写的时候要注意什么？

生：要注意长短的变化。

生：每个横之间的距离要差不多。

师：同学们，横多的字，写的时候，要注意间距几乎要相等，还要写出长短的变化。我们一起来写一写。

（师范写，生书空，自主练习写字）

师：小朋友们，我们来看看这个小朋友的字。他的结构对了吗？

生：对了。

师：很不错，结构上把握住了，打一颗星。他横的长短变化有吗？

生："童"字的横没有把握好。

师：是的，上面"立"的一横要写得最长（用红笔修改）。很可惜，横的变化没写出来。小朋友们，我们写的时候，要写好结构上的特点，其次，我们要写出横长短的变化，最后，我们要注意横之间的间距。请大家根据这三个标准，再次修改自己的字。

（生再次修改生字，师巡视指导）

师：小朋友们，今天，我们见识了高鼎笔下的乡村生活，欣赏了春天的美景，那么在贺知章的笔下，他眼中的春天又会是怎么样的呢？我们下节课再来习。

（执教：吕飞来　指导：曹爱卫）

《找春天》教学实录

（第一课时）

板块一　自读课文，语境中认读生词

（教师板书课题，请生齐读课题）

师：小朋友是怎么找春天的？自由读课文，努力把课文读正确，读流畅。

（生放声自由读）

师：刚才，小朋友都读得很投入！哪位小朋友愿意来读前面三个自然段？

（请一生读前面三个自然段，"遮"读成平舌音，老师请小朋友帮忙正音，再读，改正了）

师：老师为她高兴！读错了，不着急，再练练，就会了。谁也想来读一读？

（师用课件把"脱掉、棉袄、寻找、害羞、姑娘、遮遮掩掩"六个新词变红，请生个别认读，再齐读。）

师：词语读好了，句子就会读得更流畅。三个自然段连读都难不倒你们，敢来挑战四个自然段连读吗？谁来？

（生踊跃举手，师请一生朗读第4~7自然段，众生热烈鼓掌）

师：真好，小朋友会用掌声夸奖别人。他不仅把每个字音都读准确了，而且读得很流畅，太了不起了！这四个自然段中也有四个带生字的词，谁来带着大家读？

（把句子中"探出头、嫩芽、音符、解冻"四个词语变红，请一生带读）

师：谢谢你，读得非常标准。最后一段，虽然只有一个自然段，但是长句子特别多。谁来读？

（请一生朗读）

师：这一段里，也有两个带生字的词，谁会读。

（把句子中"触到、杜鹃"两个词语变红，请一生带读）

师：谢谢你，读得非常准确！标红的词语是新词语，我们再一起来读一遍。好吗？

（生齐读词语）

板块二　分类呈现，多形式理解词义

师：词语在句子里，很容易认读。单独出现，还能读正确吗？

（出示第一组词语："嫩芽、音符、杜鹃、棉袄、姑娘"，请一生读，字音准确）

师：你们见过嫩芽吗，是怎样的？

生：嫩芽就是刚刚冒出来的嫩嫩的芽。

（依次出示豆子、向日葵、玉米和柳树的嫩芽，请生辨认）

师：课文里的"点点嫩芽"，应该是哪一幅图的嫩芽？

生：最后一幅！柳树吐出来的嫩芽是一点一点的，像一个个小音符！

（出示"音符"词语及不同的音符）

师：在音乐课上，我们都见过音符。这里有各种各样的音符，很多很多个音符按一定的节奏组合在一起就谱成了乐谱，跟着乐谱就能唱出动听的歌了。我们读一读这个词。

（生齐读后，出示杜鹃图）

师：这是什么鸟？

生：（齐）杜鹃。

师：杜鹃鸟还有一个美丽的传说。相传它是望帝杜宇死后的化身。杜宇是历史上的开明皇帝。当时洪水泛滥，百姓流离失所，一个叫鳖相的人用心治理，终

于把洪水治理好了。杜宇认为鳖相治水的功劳很大，让百姓安居乐业，便主动把王位让给他。不久，杜宇就去世了。死后，他便化作杜鹃鸟，日夜啼叫，催春降福。所以，杜鹃鸟是十分逗人喜爱的鸟。

师：再来看看这幅图，小姑娘在干什么？

生：小姑娘在脱棉袄。

师：想一想，"姑娘"两个字为什么都是女字旁？

生：因为姑娘指的是女孩子，所以"姑娘"都是女字旁。

生："棉袄"是一种衣服，所以"袄"是衣字旁。

师：你们很会观察，很会发现。看了图片，读了词语，小朋友发现第一组五个词语有什么相同的地方？

生：都是表示东西的词语。

师：对，这五个词语都是事物的名称。

（出示第二组生词：探出、触到、解冻）

师：这组词语，还是事物的名称吗？读一读。

（生齐读）

生：它们是表示动作的，是动词。

师：动词可以用动作来表现。

（师请小朋友想象自己是种子，双手盖在头顶上当大地，做"慢慢探出"的动作，体会"探"的新奇；再请小朋友们用手指，轻轻地触一触自己的小脸蛋，感受"触"的轻、快）

师："解冻"是怎样的一个动作过程呢？你在生活中见过吗？

生：我看到过妈妈把冰箱里的肉拿出来解冻。本来肉硬硬的，后来就变软了。

生：我看到过河里的冰解冻。冰慢慢变薄，然后慢慢变成水，冰就不见了。

师：留心观察生活，很多生活现象都能帮助我们理解词语的意思呢！下面这一组词语也是表示动作的，请小朋友们一起来读一读。

（出示第三组词语：遮遮掩掩、躲躲藏藏，生齐读）

师：老师给你们作遮挡物，谁来做一做动作？

（生做躲在师身后的动作，师提醒后生偷偷地探出头来瞄一眼，更有"遮遮掩掩"的意味）

师：刚才这位同学用老师作为遮挡物，躲在老师后面。这叫——

生：（齐）遮遮掩掩，躲躲藏藏。

师：遮遮掩掩、躲躲藏藏的人往往是比较害羞的人。

（出示："害羞"，生齐读。并把四组词语全部再次认读一遍）

板块三　归类识字，有机渗透汉字文化

（PPT上四组词语中的生字动态显红）

师：这些生字，小朋友都记住了吗？

生：我用加一加的方法记住了"触"，"角"加"虫"就是"触"。

师：（将"触"生字卡片板贴在黑板上）"触"指的是昆虫用头上的触角慢慢地去触碰篱笆。这是一个"形声字"（板书"形声字"）。左边的"角"，是它的"形旁"，右边的"虫"和现在的读音有些不同了。还有哪些字也是形声字，可以用加一加的方法来记？

生："掩"，提手旁加奄奄一息的"奄"。

师：对，"奄"表示读音，是声旁，提手旁表示用手来掩盖，是形旁。"掩"也是形声字。

生："符"，竹字头加上"付"。

师：古代的人，将刻有文字图案的竹片分成两半，作为朝廷传达命令的凭证，一半由朝廷保管，一半由个人保管，如果竹签能合上，就说明持签的人身份是真的。"符"也是一个形声字。

生："遮"，走之加有点像主席的"席"字。

师：这个字叫"庶"（标出读音）。

生："姑"就是"女"加"古"。

生："袄"就是衣字旁加"夭"。

生："脱"就是"月"加"兑"。（生一时说不出"兑"字，师补充）

生："杜鹃"两个字都是形声字，"杜"是"木"加"土"，"鹃"是我们班"李娟"的"娟"女字旁换成鸟字边。

（至此，板书"形声字"后面板贴了"触、掩、符、遮、姑、袄、脱、杜、鹃"9个生字）

生：我用换一换的方法记住了"探"，把"深"的三点水换成提手旁就是"探"。

师：换一换是我们常用的记字方法。但我们记的时候，要尽量弄明白这个字是怎么来的，了解它的意思，就不会搞错了。"探"，是提手旁，右边有个穴，表示用手去洞穴里摸一摸，这个字是根据它的意思来造的，这样的字叫作"会意字"（板书"会意字"）。

生：我也用换一换记住了"羞"，把"差"字底下的"工"换成"丑"就是"羞"。

师："羞"下面的"丑"字，可不是难看的意思哦，是指"一只手"。"羞"的意思就是，手拿着羊肉敬献给别人，这也是一个根据意思来造的字。

（至此，板书"会意字"后面板贴了："探、羞"2个生字）

师：剩下的三个生字中，有两个是表示动作的，你能不能做一做动作，让我们来猜一猜是哪个生字？

（生做寻找的动作）

生：寻。

（生做解扣子的动作）

生：解。

师：还有一个生字怎么念？

生："嫩"，"女"加"束"再加上一个反文旁就是"嫩"字。

师：你把三个学过的部件加来记住"嫩"字，真好。

师：小朋友，我们根据生字的不同归类读一读今天要学的字。形声字有——

生：（齐）触、掩、符、遮、姑、袄、脱、杜、鹃。

师：会意字有——

生：（齐）探、羞。

师：还有三个暂时没有归类的生字是——

生：（齐）寻、解、嫩。

板块四　反复诵读，发现语言表达特色

师：小朋友，课文说春天像什么？

生：春天像个害羞的小姑娘，遮遮掩掩，躲躲藏藏。

师：春天这个害羞的小姑娘躲在哪里了？她用什么东西遮掩自己？我们赶快读一读课文第4～7自然段，找一找春天藏在哪里了。

（出示课文第4～7自然段，小朋友自由读）

生：春天躲在小草里面。

师：你是从第4自然段里看出来的。春天躲在小草里，我用横线把"小草"画出来。春天还躲在哪里？请小朋友打开语文书，拿出笔，像曹老师一样用横线把它们画出来。

（生读画1分钟左右，交流反馈，画出：野花、嫩芽、小溪）

师：都画对的，自己在边上画一颗五角星，不对的，马上改回来。

（生自我评价和修改后，连起来，说一说：春天躲在小草里，躲在野花里，躲在嫩芽里，躲在小溪里）

师：春天都躲在这些事物里，仔细找，才能找到。老师这儿有两组图，你们来看一看哪一组图是春天这个害羞的小姑娘躲的地方？

生：我觉得是第二组。

师：你从哪张图片里感觉出来的？

生：因为第一组的第一幅图小草已经长得很茂盛了，第二组的第一幅图才长

出来一点点。

师：嗯，你有一双会观察的眼睛，发现了图片中的秘密。让我们看看这句话是怎么写的，读。

生：（齐）小草从地下探出头来，那是春天的眉毛吧？

师：他是从小草这张图看出来的。有没有同学从其他图片看出来的？

生：我从第三张图看出来的，因为第一组的第三张图，树上的叶子已经长得很茂盛了，第二组的第三幅图，树木才吐出点点嫩芽。

师：你说得很清楚！课文就是这么写的——

生：（齐）树木吐出点点嫩芽，那是春天的音符吧？

生：解冻的小溪应该是丁丁冬冬的，第一组的第一幅图是很平静的，而且河边的草叶长得很茂盛了。第二组里的小溪，边上还有很多的冰雪呢。

（出示句子，生齐读：解冻的小溪丁丁冬冬，那是春天的琴声吧？）

师：这一幅图没人选了吗？"早开的野花一朵两朵，那是春天的眼睛吧？"看，这一幅图的野花已经怎么样了？

生：（齐）很多了。

师：对，漫山遍野都是了，那这一幅图呢？

生：（齐）只有一朵。

师：对，只有一朵，而且躲在草丛里，不仔细还找不到了呢。春天躲在野花里呢，读。

生：早开的野花一朵两朵，那是春天的眼睛吧？

师：我们从图片里找到了春天这个害羞的小姑娘，她躲得真好啊！让我们再来读一读这四句话。

（生齐读）

师：小朋友，课文为什么不说"小草从地下探出头来，那是春天的头发吧？"

（生一时茫然）

师：想不明白，是吧？我们来看看图，或许会有新的发现。曹老师前几天去拍了一张刚探出头的小草照片。我还画了一道眉毛。你们看看，现在有什么新的想法了。

生：头发是很多的，春天的小草只有一点点，而且还很短。

生：头发很长的，眉毛是短短的，细细的，刚长出来的小草也是短短的，细细的。

师：对呀，用一个词说，就是"形状很象"，简称"形象"我们写这样的句子时，就要写出两样东西形象的地方。再读一读，体会一下。

生：（齐）小草从地下探出头来，那是春天的眉毛吧？

师：后面三句话里，野花和眼睛，嫩芽和音符，小溪丁丁冬冬和琴声，哪里形象了呢？跟同桌小朋友说一说。

（同桌互说）

师：哪一对同桌愿意来说一说？

生："树木吐出点点嫩芽，那是春天的音符吧？"因为我觉得树木的嫩芽很小，就像乐谱里面的八分音符，小小的。很多嫩芽长在树上，就像很多音符在五线谱里。

生：早开的野花很少，一朵两朵，眼睛也只有两只，很形象。

生：小溪的流动声丁丁冬冬，很美，琴声也是丁丁冬冬，也很美，非常像。

师：你们都很善于发现，都发现了同一个句子中两样东西很形象的地方。这段话写得很有意思，我们来读一读。请男生读前半句大自然真实的景色，女生读后半句想象的部分，老师读上面的句子。我们合作，看谁读得好。

师：春天像个害羞的小姑娘，遮遮掩掩，躲躲藏藏。我们仔细地找啊，找啊。

男生：小草从地下探出头来。

女生：那是春天的眉毛吧？

男生：早开的野花一朵两朵。

女生：那是春天的眼睛吧？

男生：树木吐出点点嫩芽。

女生：那是春天的音符吧？

男生：解冻的小溪丁丁冬冬。

女生：那是春天的琴声吧？

（第一遍男生声音略轻，师指出后，再男女生交换读，大有进步）

板块五　迁移运用，积累语言表达图式

师：小朋友，现在，我们知道了，看见的东西和想象的东西之间要形状相像。春天这个害羞的小姑娘还会躲藏在哪里，你能学着课文的样子写一写吗？

（师提供"春雨沙沙""鸟叽叽喳喳""桃花朵朵""柳枝飘扬"的图片，帮助生回忆，并用语言提示也可以写自己想到的，如池塘里的小蝌蚪等。生练习写话）

师：我刚才看到有几个小朋友写得非常棒。请他们来读一读，和大家分享。

生：小蝌蚪欢快地游来游去，那是春天的逗号吧？

师：她把小蝌蚪比作什么呀？

生：（齐）逗号。

师：小蝌蚪只有春天有，而且很像逗号，太形象了。你真棒！

生：笋芽儿拼命地往上钻，那是春天的睫毛吧？

师：笋芽儿一棵棵地钻出来，像睫毛。你们觉得形象吗？

生：睫毛是弯弯的，笋芽儿直直的，不形象。

师：那么她的句子怎么改一改就好了？笋芽儿一棵一棵的，直直的，像什么呢？

生：笋芽儿拼命地往上钻，那是春天的手指吧？

师：对呀，这就形象了！

生：小鸟叽叽喳喳，那是春天的歌声吧？

生：春雨沙沙，那是春天的琴声吧？

生：桃花朵朵开，那是春天的笑脸吧？

生：柳枝随风飘荡，那是春天的头发吧？

生：刚睡醒的小动物出来找吃的，那是春天的精灵吧？

……

师：小朋友，只要把前面看见的部分和后面想的部分形象之处写出来，句子就很有意思了。小朋友在生活中多观察，多思考，这样就能写出更有意思的句子了。

《揠苗助长》教学实录

课前谈话：成语分类，感知寓言

师：小朋友好！老师这儿有六个成语，请你读一读，把这六个成语分成两类，想一想为什么这么分。

（PPT 出示六个成语：

花红柳绿　坐井观天　莺歌燕舞　守株待兔　春光明媚　亡羊补牢）

师：都读好了，是吗？哪位小朋友来读给大家听？

（请一生读）

师：他读得很准确。"叶公好龙"这个成语中，这个字（指"好"）为什么读第四声？

生：因为这里的"好"是"喜欢"的意思，所以读第四声。

师：那你知道哪些词语中的"好"也是"喜欢"的意思？

生：（纷纷）爱好。好学。好问。喜好……

师：那你能把词语分成两类吗？说一说为什么这么分。

生："花红柳绿、莺歌燕舞、春光明媚"三个成语是一组，它们都是写春天的；"坐井观天、守株待兔、亡羊补牢"是一组，它们都是寓言故事。

师：你分得很对，也说清楚了这样分的依据，非常好。"坐井观天、守株待兔、亡羊补牢"这三个成语都来自寓言故事。

（师板书"寓言"）

师：你们知道什么是寓言吗？"寓言"，就是借助一个小故事告诉我们一个大道理。以前学过的《坐井观天》就是寓言故事。

（板书：小故事　大道理）

师：这节课上，我们就一起来学习一则寓言，好吗？

生：（齐）好！

师：这则寓言它会给我们讲一个什么小故事呢？又会告诉我们什么道理呢？

（宣布上课）

板块一　识记生字，整体感知

师：今天我们学习的寓言故事就是——《揠苗助长》。

（板书：揠苗助长）

师：谁来读读课题？

生：揠苗助长。

师："揠"是第四声，"长"是第三声，我们一起读一遍。

生：（齐）揠苗助长。

师："揠苗助长"是什么意思呢？请小朋友读故事，看看能不能通过自己的努力从课文中找到准确的答案。读的时候，要注意读准字音。

（学生自由朗读课文）

师：都读完了，是吗？谁愿意来读给大家听？

（请一生站起来读，其他同学看着书默读）

师：我特别要表扬他的是，课文中的5个生字，他都读对了。我们一起来读一读带生字的词语。

（师把PPT中带生字的词语从课文段落中挑出来）

生：焦急、筋疲力尽、喘气、一大截。

师：看，老师用红色标出的5个字是生字，你能很快记住吗？

生：" 焦 ",上面是个 " 隹 ",下面是四点底。

师：还记得四点底表示什么意思吗？

生：四点底是指火。《中华美食》那一课里有很多四点底的字。

师：是的。那"隹"我们以前也讲过，指的是短尾巴的鸟。看看字形，你能猜猜"焦"的意思吗？

生：（犹豫地）把短尾巴的鸟放在火上烤？

师：（出示图片）对呀，"焦"本来的意思是古人用焚山的方式捕猎或取柴，以致将鸟雀烧烤到炭化或接近炭化。你们想想看，看到小鸟在火上烤，你忍不住想说什么？

生：小鸟快逃，再不逃走，你会被烧焦的。

生：太危险了！快跑！

生：这真是令人焦急啊！

师：是啊，眼看小鸟的性命不保了，我们都很焦急。所以"焦急"的"焦"上面是个——

生：隹。

师：下面是个——

生：四点底。

师：记住了吧？那"筋疲力尽"是什么意思呢？理解这个词语可以用拆分法，也就是先把一个字一个字的意思弄清楚，连起来整个词语的意思就明白了。"筋"指的是——

生：神经。

师：不，"筋"不是指神经，是指"筋骨"。"疲"指的是——

生：疲劳。

师："力"指的是——

生：力气。

师："尽"指的是——

生：完了。就是"用尽力气"了。

师：那"筋疲力尽"的意思是？

生：就是一点力气都没有了。

师：对了，"筋疲力尽"形容非常疲乏，一点力气也没有了。再看看"喘"字。请你做一做喘气的动作。

（生做动作）

师：做完了动作，看看"喘"字，你有什么发现？

生：喘气要用嘴巴，所以"喘"是口字旁。

生：我还发现右边上面是个"山"，下面是个"而"。

师：真会观察，会发现！老师把大拇指送给你们。最后一个词语，老师来说你们来做动作，看看谁做得对。听好了——"一大截"。

（很多学生张开双臂，表示一大截）

师：一小截。

（生都收回手臂，明显动作比"一大截"要小很多）

师：刚才你们是这样表示一大截的（老师做动作），那如果我用这个动作表示"一大截"（教师把两手之间的距离控制在一支铅笔左右长度的距离），那"一小截"该怎么表示？

（生伸出双手，两只手掌几乎靠近）

师：看来，"一大截"和"一小截"是相对的。好，初步理解词语的意思，我们再来把这些词语读一读吧！

（生读带生字的四个词语）

师：认识了生字词，我们再来读一读、想一想课文到底讲了一件什么事。这个农夫为什么要"揠苗"呢？谁来读一读第 1 自然段？

（请一生读后，说一说原因）

生：因为他嫌禾苗长得太慢了。

师：他是怎样"揠苗"的？谁接着往下读？

（请一生读后，说一说过程）

生：把禾苗一棵一棵往高里拔。

师：结果又是怎样的呢？谁继续？

（请一生读后，说一说过程）

生：禾苗都枯死了。

师：是呀，《揠苗助长》这则寓言故事就是讲一个种田人心（很急），觉得自己的禾苗长得（太慢），于是就把它们（往高里拔），结果（禾苗全枯死了）。

师：现在你能用自己的话来说说"揠苗助长"是什么意思了吗？

生：拔禾苗帮助它们生长。

生：把禾苗往高里拔，帮助它们生长。

板块二　紧扣文字，感悟寓意

师：种田人一番好心，把禾苗往高里拔，帮助它们生长。为什么禾苗还会枯死，种田人错在哪儿呢？我们再次走进课文，细细地去读一读。

（PPT出示课文第1自然段）

古时候有个人，他巴望自己田里的禾苗长得快些，天天到田边去看。可是一天，两天，三天，禾苗好像一点儿也没有长高。他在田边焦急地转来转去，自言自语地说："我得想个办法帮他们长。"

师：请一个小朋友读一读，其他小朋友思考——从这段话里，你看出这个种田人心情怎么样？

生：这个种田人很焦急。

师：你从哪些词语中感受到他很焦急？

生：巴望、天天去看、焦急地转来转去。

师："巴望"是什么意思，它可以换成什么词语？

生：渴望。

生：希望。

师：这可不是一般的希望，是——

生：非常非常希望。

师：还从哪个词语看出来？

生：我从"天天"这个词语看出来。"天天"就是"每天"，这个种田人每天都到田边去看禾苗，说明他真的非常希望禾苗快快长大。

师：你理解得非常好。还有吗？

生：我从"焦急"这个词也看出来。

师："焦急"这个词在句子中，有和没有到底差别在哪里呢？我们一起来看一看。

（出示句子，比较：

$\left\{\begin{array}{l}\text{他在田边转来转去。}\\\text{他在田边焦急地转来转去。}\end{array}\right.$）

师：请大家读一读这两句话，说说"焦急"这个词在句子中，有和没有到底差别在哪里。

（学生读句子）

生：第一句没有"焦急"，说明他只是在转，有可能是慢慢地转；第二句有"焦急"，说明他真的非常着急，就像热锅上的蚂蚁一样。

师：是呀，有了"焦急"更加说明这个种田人巴望禾苗快快长大。你能带着这种焦急的心情读一读第1自然段吗？

（生读第1自然段，语气中充满焦急）

师：你们把种田人的焦急读出来了。可是，你们想过吗，种田人为什么这么焦急？

生：因为他认为禾苗一点儿也没有长高。

师：那我要请你们来判断一下，禾苗真的没有长高吗？

生：不是。

师：你怎么知道的？

生："好像一点儿也没有长高"，实际上是长高了，只是一时看不出来。

（板书：好像一点儿也没有长高）

师："好像"这个词说明禾苗看上去没有长高，实际上是在慢慢地长高，只是我们用眼睛看不出来而已。你知道生活中还有哪些事物短时间看上去没有变化，实际上是在悄悄变化着的？

生：我的个子。

师：请你学着课文里的句式，完整地说一说。

（出示句式：一天，两天，三天，_____好像_____。）

生：一天，两天，三天，我的个子好像一点儿没有长高。

师：除了我们的个子，还有其他的吗？

生：一天，两天，三天，池子里的金鱼好像一点儿没有长大。

生：一天，两天，三天，操场上的树好像一点儿没有长高。

生：一天，两天，三天，奶奶好像一点儿没有变老。

师：是啊，生活中这么多事物都是在慢慢地变化着，一两天时间，甚至比较短的一段时间里，我们根本看不出它们的变化。禾苗也一样，不可能突然之间长高，慢慢地、不知不觉地生长是它的生长规律。

（板书：规律）

师：小朋友，种田人看到禾苗这样慢慢地生长，他焦急地在田边转来转去。我们就用这种焦急的心情读一读第1自然段吧，如果能配上动作，那就更好了。

师：一天，他终于想出了办法——

（PPT出示课文第2自然段，请生读）

一天，他终于想出了办法，就急忙跑到田里，把禾苗一棵一棵往高里拔，从中午一直忙到太阳落山，弄得筋疲力尽。

师：他想出的是什么办法？

生：把禾苗一棵一棵往高里拔。

（板书：一棵一棵往高处拔）

师：种田人种的禾苗可不是一点点，我们来看看。

（出示一大片禾苗图片）

师：这么多禾苗，如果是要你去"一棵一棵地拔"，你会有什么感受？

生：天哪，什么时候才能拔完啊！

生：这还不得把我累死啊！

生：拔禾苗要弯着腰，这也太辛苦了。

师：是呀，你看图片上的种田人，你看到了什么？

生：他都满头大汗了。

生：他的腰直不起来了。

师：是啊，看他的动作，的确很累。奇怪的是，我们再看他的表情，却是怎样的？

生：他是笑眯眯的。

师：老师要请你走进种田人的心里，去想象一下，种田人一棵一棵把禾苗往高处拔时，他会在心里想些什么？

生：哈哈，我的小禾苗一下子长高了这么多！

生：要是我每天都来拔一拔，禾苗就能长得像树那么高了！

师：是呀，他太想让禾苗长高了，用一个词来说就是——

生：迫不及待。

生：急不可待。

生：急于求成。

师：他太想禾苗长高了，这种心理就是"急于求成"。

（板书：急于求成）

师：他就这么美滋滋地一边想一边拔，从中午——

生:（接读）一直忙到太阳落山，弄得筋疲力尽。

师:知道什么是"筋疲力尽"吗？

生:就是身体非常疲劳，一点儿力气都没有了。

师:对了。小朋友，我们一边读，一边想象农夫一棵一棵拔禾苗的情景，读出农夫的辛苦，筋疲力尽。

师:种田人虽然累得筋疲力尽，可是他却是非常开心，你从哪儿读出了这种开心？

（PPT出示课文第3自然段，生读）

他回到家里，一边喘气一边说："今天可把我累坏了！力气总算没白费，禾苗都长高了一大截。"

师:你把课文第3自然段读了一遍。那你能具体说说从哪个词体会到农夫的开心？

生:"总算没白费""长高一大截"。

师:"白费"的意思就是——

生:白花。

师:"力气总算没有白费"就是——

生:力气总算没有白花。

师:是呀，你瞧，禾苗都长高了一大截。种田人尽管筋疲力尽，但是心里还是很高兴的。谁再来试试？

（生再次有感情朗读课文第3自然段）

师:种田人的力气到底有没有白费？为什么？请小朋友自己读课文第4自然段。

（PPT出示课文第4自然段，生读）

他的儿子不明白是怎么回事，第二天跑到田里一看，禾苗都枯死了。

生:他的力气白费了，因为禾苗都枯死了。

（板书：都枯死了）

师：哎，可怜的种田人，他辛辛苦苦费尽心力，却把事情弄糟了。

（板书：弄糟事情）

师：来，小朋友，你能看着黑板，用一两句话来说说这个小故事的内容吗？

生：（看着板书串联讲）种田人看禾苗好像一点儿没有长高，就把禾苗一棵一棵往高里拔，结果禾苗都枯死了。

师：说得很不错。这个寓言小故事想告诉我们的大道理是什么呢？你能结合黑板上的关键词，试着讲一讲吗？

生：种田人没有遵循禾苗的生长规律，急于求成，最后反倒把事情弄糟了。

师：你讲的还是种田人和禾苗的生长规律，如果换成其他人、其他事，这样说就不合适了。想一想，该怎么说？

生：任何事情都要遵守规律，急于求成，只会把事情弄糟。

生：任何事情如果不遵循规律，急于求成，反倒会把事情弄糟。

板块三　结合生活，理解寓意

师：假如你是农夫的邻居，你会怎样来劝他？假如你是农夫的儿子，你知道父亲犯了什么错误吗？假如你就是农夫，你会怎么长叹？请你任意挑选一个角色，试着说一说。

生：我是农夫的邻居。我会这样对他说："老邻居啊，你怎么这么糊涂啊，禾苗是要慢慢生长的。你这样往高里拔，不是害了它们吗？"

生：我是农夫的儿子。我会这样对"爸爸"说："老爹啊，您揠苗助长，累了自己，也害了禾苗。真是两败俱伤啊！"

师：这里用"两败俱伤"不合适哦。"两败俱伤"是用在对立的两方，种田人和禾苗不是对立的，可以用"得不偿失"。再来说一遍。

生：老爹啊，您揠苗助长，累了自己，也害了禾苗。真是得不偿失啊！

生：我是农夫。我会这样说："我真是老糊涂啊！禾苗都枯死了，明年吃什么啊！"

师：从小朋友的话里，老师知道你们都体会到了寓言中农夫的可笑，其实我们的生活中也有这样可笑的人和事。请听——

（师讲述明明学跆拳道的故事）

明明的妈妈很想让明明拥有一个健康的身体，所以在幼儿园中班的时候就帮他报了跆拳道班。我们知道练习跆拳道要经常用力地蹬腿。结果两年后，明明的膝盖经常莫名其妙地疼痛，有时痛得都站不起来了。妈妈吓坏了，急忙带明明去医院看医生。医生说："明明还太小，关节还很嫩，不适合练跆拳道。跆拳道要等孩子十岁以后，也就是四年级以后才能练呢！明明现在因为练跆拳道关节受伤了，以后都不能再学跆拳道了，真是可惜呀！"

师：故事讲完了。小朋友，你们知道明明的妈妈犯了一个什么错？

生：没有按明明的成长规律办事，急于求成。结果反倒害了明明。

师：看来我们平时做任何事情都要——

生：遵循规律。

师：不能——

生：急于求成。

师：否则——

生：会坏了事情，会弄糟事情。

板块四　推荐读物，指导写字

师：小故事读完了，大道理也明白了。小朋友，剩下的时间，我们一起来写两个生字"筋、疲"。请小朋友先来说说这两个字的结构。

生："筋"是上下结构，"疲"是上半包围结构。

师：请仔细观察，写这两个分别要注意什么？

生：写"筋"的时候，要注意上面的竹字头要写得小，下面的"月"和"力"分别写在竖中线两边，但是要写得紧凑。

生："力"的撇要穿插到"月"的横折勾"勾"那儿。

师：小朋友观察得很仔细。看老师写一个，请你们伸出小手指，跟着老师一起写。

（师范写，边写边讲解刚才说的要点，生书空）

师：写"疲"要注意什么？

生：外面的病字框要把"皮"包住。

生："皮"最后一笔捺要舒展。

生：病字框的撇，还有"皮"的撇、横撇和捺收笔基本在同一条横线上。

师：很好。看老师写一个，还是请你们伸出小手指，跟着老师一起写。

（师范写，边写边讲解刚才说的要点，生书空）

师：现在，请小朋友拿出写字本，在写字本上认认真真地写一个"筋"、一个"疲"，写完后和书上的对一对，看看哪里写得好，哪里需要改正。

（生练写。师在生写完后点评，生再各写一个）

师：小朋友，今天的课马上就要结束了。老师建议你回家后把《揠苗助长》这个故事讲给爸爸妈妈听，也可以讲给邻居的弟弟妹妹听。好吗？

生：好！

师：寓言故事然短小，却闪烁着人类智慧的光芒，多读寓言，学会思考，会让人变得更加聪明。老师这儿有一些寓言故事，感兴趣的小朋友可以把书买来看，也可以到学校图书馆去借阅。

（推荐寓言读物）

板书设计：

揠苗助长

寓　言
小故事　　好像一点儿没长高 ──→ 一棵一棵往高处拔 ──→ 都枯死了
大道理　　　（规律）　　　　　　（急于求成）　　　　　（弄糟事情）

《雷雨》教学实录
（第一课时）

板块一　自读识字，整体感知内容

师：今天我们来学习第 18 课《雷雨》。"雷"是我们今天要学写的一个汉字，看老师在田字格里写。先写一个扁扁的雨字头，注意横勾要拉长，注意下面的两点写在横中线上。下面是个"田"，也要写得略扁。请小朋友像老师一样，认认真真在《课堂作业本上》写一个"雷"字。

（生练写"雷"字，写好后点评）

师：好。老师在"雷"后面再写一个"雨"字。读一读课题。

生：第十八课，雷雨。

师：课文究竟是怎样来写这场雷雨的呢？请小朋友自己读课文，要求是——
（出示自学要求，生根据要求，自主学习）

1. 给自然段标上序号；

2. 自己大声读课文，读准生字，把句子读流畅。

师：读书的声音越来越轻了，说明大家都基本读完了。课文有几个自然段？请用手势来表示。

（生用手势表示 8 个自然段）

师：本课的生字不多，只有五个。请同桌两个用生字卡片互相检查生字读音和带有生字的词语，同桌读对了，给他（她）打"√"，同桌读错了，用"○"画出来，然后教教他（她）。听明白了？

生：听明白了。

师：好，那就同桌两个开始学习吧！

（同桌互相认读：压下来、蝉、垂下来、窗户、迎面扑来）

师：哪些同学获得了五个勾？

（生举手）

师：获得五个勾的小朋友可真不少！说明你们读书认真、仔细。哪些同学获得过同桌的帮助，他（她）帮你读准哪个字了？

生：我的同桌教我读准"蝉"和"垂"，这是两个翘舌音。

师：对的。我们一起来读一遍，注意读准翘舌音。

生：蝉，垂下来。

师：还有其他同学获得过同桌的帮助，他（她）帮你读准哪个字了？

生：我"迎面扑来"这个词第一次读错了，我同桌帮我纠正了。

师：这是一个四字词语，是容易读错的。我们一起读一遍。

生：迎面扑来。

师：还有吗？

生：我"压下来、垂下来"的"来"一开始都是读第二声的，我同桌提醒我要读轻声。

师：这可真了不起！轻声都注意到了。我们注意这个轻声，读一读这两个词。

生：压下来、垂下来。

师：课文一共8个自然段。我请八个小朋友开火车朗读，一人读一个自然段，其他小朋友竖起耳朵认真听，发现有问题的可以用笔打个问号，好的地方可以打个五角星，等会请你评价。

（八个小朋友轮流读课文，读后评价）

师：老师给《雷雨》这篇课文画了三幅图。你能根据课文描写的顺序，来摆一摆吗?

(请一生上台按课文描写顺序摆图)

师:说说你为什么这样摆?

生:课文先写下雨前的景色,所以这幅图摆在最前面。

师:不是普通的雨,这是——

生:雷雨。

师:对,所以这是雷雨前的景色。好,我把"雷雨前"三个字写下来。写"雷雨前"的是课文的哪几个自然段?

生:第1~3自然段。

(师在"雷雨前"前面板书"1~3",后面两幅也是引导生说出原因,师先后板书"4~6雷雨中""7~8雷雨后")

师:连起来说说《雷雨》这篇课文先写什么,再写什么,最后写什么。

生:《雷雨》这篇课文先写雷雨前的景色,再写雷雨中的景色,最后写雷雨后的景色。

板块二　揣摩用字,学习准确表达

师:雷雨前写了哪些景物?请你根据学习提示的三个步骤,读一读"雷雨前"部分,完成学习任务。

(PPT出示课文第1~3自然段及学习任务。出示学习活动一,学生自学,完成任务)

师:大家都学得差不多了,我们来看看学得怎么样。谁来读给大家听?

(请一生站起来读课文)

师：读得很好。那你圈出了哪些表示景物名称的词语？

生：乌云、叶子、蝉、大风、树枝、蜘蛛。

（生说一个，师就在PPT上示范圈一个）

师：你圈得和他一样吗？

生：我和他不一样。我还圈了第3自然段的"闪电"和"雷声"。

师：谁也圈了"闪电"和"雷声"？

（不少学生举手，师把"闪电"和"雷声"在PPT里圈出来）

师：（转向没圈的学生）第3自然段是不是写"雷雨前"的？

生：是。

师：那你为什么没圈？

生：我刚才漏了。

师：（转向该生同桌）你是不是也漏了？

生：是的。

师：我们学习的时候，看来还要更仔细些。如果刚才有漏圈或圈错的，请赶快补上。

（生修正）

师：这下都圈对了吧？我们一起来读一读，雷雨前写到的景物有——

生：乌云、叶子、蝉、大风、树枝、蜘蛛、闪电、雷声。

师：这些景物名称里，"蝉"字是生字，你怎么记住的？

生：蝉是一种昆虫，所以是"虫字旁"，右边是个"单"，单位的"单"。

师：你是借助形声字规律来记的，很棒。知道"蝉"是一种怎样的昆虫吗？

（出示"知识小贴士"，请一生读）

会鸣的蝉是雄蝉，它的腹部有一层鼓膜，鼓膜受到振动而发出声音，由于盖板和鼓膜之间是空的，能起共鸣的作用，所以其鸣声特别响亮。雌蝉的构造不完全，不能发声，所以它是"哑巴蝉"。

师：联系课文"蝉一声也不出"，知道这里为什么用"出"，而不是用"叫"了吗？

生：因为"叫"是用嘴巴的，而蝉是靠鼓膜震动发生的，所以不能用"叫"，要用"出"。

师：这就叫用词准确。读书啊，如果这样去读，去品，才叫会读书，才能读出滋味。现在，就请小朋友来试一试。请看第二个学习任务。

（出示学习活动二，生自学，完成任务）

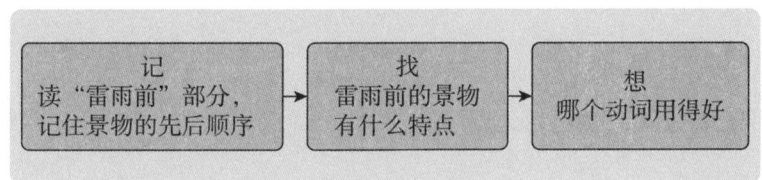

师：我再请一个小朋友来读。其他同学在心里读，边读边想：你是用什么方法记住这些景物先后顺序的。

（请一生读，其他同学在心里跟读，读后反馈）

生：我是一边读一边在脑袋里放电影，这样就很容易记住了。

师：一边读一边"放电影"，这是一个好方法。

生：我是从天上到地上再到天上的顺序来记的。

师：你能说得更清楚些吗？

生：一开始写天上的乌云，再写地上的树叶、蝉这些东西，最后又写天上的闪电和雷声。

师：这是一个很有价值的发现！借助这样的顺序，我们也能很快记住景物的先后顺序。如果你还没记住，学着他们的方法自己再读一读课文，试着记一记吧！

（生再次读课文，记忆）

师：记住了"雷雨前"景物的先后顺序还不够，这些景物有什么特点呢？我们先来看乌云，雷雨前的乌云有什么特点？

生：雷雨前，乌云满天。

生：乌云黑沉沉的。

师：雷雨前乌云不仅多，不仅黑，还有一个词更是写出了它的可怕。是哪个词？

生：压下来。

师：你能做一做"压下来"的动作吗？

（生做动作，有的用单手做压课桌的动作，有的用双手做压头顶的动作等）

师：是的，这就是"压"。想象一下，要是你的头顶被别的东西这样压着，舒服吗？

生：不舒服。

师：那满天的乌云黑沉沉地压下来又是怎样的感觉呢？我们一起来看一看，体会一下。

（用动图演示乌云压下来的过程）

师：谁来说一说，你刚才的感觉是怎样的？

生：（纷纷）紧张。压抑。沉闷。可怕……

师：是啊，雷雨前就是这样的紧张、压抑、沉闷、可怕……难怪树上的叶子——

生：（接读）一动不动。

师：蝉——

生：（接读）一声也不出。

师：好一个"压"字，把所有的事物压得寂然无声。你们看，有时候一个字用得好，就能把我们带入到当时的情境里。我们要不要也来学着用一用？请看大屏幕。

（PPT出示下面句子）

满天的乌云，黑沉沉地压下来。

一朵白云，慢慢地（　　）过来。

师：想一想，这里该用哪个字最合适？

生：（跃跃欲试）我来，我来。

师：那你来。

生：飘。

师：把整句话连起来说。

生：一朵白云，慢慢地飘过来。

师：为什么用"飘"？

生：白云看上去很轻啊，轻的东西就是飘呀飘。

师：你会观察，也会用字。是的，这里用"飘"最合适。

（把"飘"字打入括号里）

师：我们一起读一遍这句话。

生：（齐）一朵白云，慢慢地飘过来。

师：现在提高点难度，三个句子一起来，看看你能填几句。

（PPT出示下面句子）

1. 豆大的雨点儿从空中（　　）下来。

2. 毛毛细雨从空中（　　）下来。

3. 暴雨像从天上（　　）下来。

生：豆大的雨点儿从空中落下来。

生：豆大的雨点儿从空中掉下来。

生：毛毛细雨从空中飘下来。

生：暴雨像从天上泼下来。

生：暴雨像从天上倒下来。

师：根据事物的特点，用上合适的动词，表达就更准确了。体会到用词的准确后，我们一起把第1自然段连起来读一遍。

（生读第1自然段）

师：那第2、第3自然段里，你觉得哪个动词用得最好？

生："忽然刮起一阵大风，吹得树枝乱摆。"这个句子里的"乱摆"用得很好，说明风很大很大。

师：请你站起来，你就是那棵树，你的手臂就是树枝，做一做"乱摆"是怎样的？

（生快速摆动双臂）

师：（面向全班学生）你们会吗？我来读句子，你们做树枝，看看大风刮起是怎样一种状态。

（师读句子，全班学生摆动身体、双臂，一片"混乱"）

师：明白了吗？大风忽然刮起，树枝就是这样乱摆的。我们一起读。

生：（很有气势地）忽然刮起一阵大风，吹得树枝乱摆。

师：还有其他动词用得好的吗？

生：还有"垂"字。

师：也把整句话读出来。

生：一只蜘蛛从网上垂下来，逃走了。

师："垂"字用得好在哪里？

（生支支吾吾，说不清楚）

师：虽然说不清，但就是觉得它用得好，是吧？

（生有些难为情地点头）

师：说不清楚很正常。我们先来看看"垂"到底是什么意思。想想看，以前学过的古诗里、课文里，哪些诗句里出现过"垂"字，或者你见过哪些用"垂"组成的词语？

生：《小儿垂钓》里，有"蓬头稚子学垂纶"。

师："垂钓"就是这个"垂"。

生：（纷纷）垂柳。垂下。垂头丧气……

师：发现了吗？"垂"指的是东西的一头挂下来。明白了"垂"的意思，我们再来想一想，为什么说蜘蛛从网上垂下来呢，而不是落下来，掉下来呢？请你们先和同桌讨论讨论。

（生同桌两个讨论）

生："落下来"和"掉下来"，是完全掉落，像摔下来一样。而蜘蛛是沿着丝线跑下来的，丝线是垂下来的。

师：我有点听明白了。我们一起来看一看蜘蛛从网上垂下来逃走了的动画，就更明白了。

（动画演示蜘蛛从网上垂下来，逃走了）

师：通过讨论、交流、看动画演示，我们感受到这个"垂"字也用得非常好！来，一起读第2自然段。

（生齐读第2自然段）

师：伴随着大风，闪电——

生：（接读）越来越亮。

师：雷声——

生：（接读）越来越响。

师：雷雨前的变化实在太快了。我们一起把"雷雨前"的部分读一遍吧！

（生齐读雷雨前三个自然段）

师：听着你们的朗读，我仿佛看到一场大雨即将来临。雷雨中、雷雨后的景色又是怎样的呢？我们下节课继续学习。

板块三　观察发现，提升书写水平

师：下课前，我们再来学习一个很难写的汉字。

（田字格出现"垂"）

师：请小朋友仔细观察"垂"字，发现"垂"字笔画上有什么特点？

生："垂"横画特别多。

师：是的。"垂"字横画特别多，一共有四横。这四横写的时候要注意什么？

生：第二横最长，写在横中线上，第三横比第二横短一些，第一横最短，横与横之间的间距一样宽。

师：横画的注意点讲到了。写"垂"字，还要注意字的笔顺。请你们一边看老师写，一边跟着书空。

（师边范写，边讲解："垂"先写一个"千"，"千"的竖写在竖中线，再写中间的草字头，最后写下面的两横）

师：好，现在请你们来写一个，注意写字姿势——头正，肩平，足安。

（生练写）

师：大家写得怎么样呢？我们一起来评一评。

（出示评价标准）

（1）四横长短写对了，得一颗星。

（2）横与横之间的间隔基本相等，得一颗星。

（3）整个字端正、匀称，一颗星。

（同桌直接交换，评一评。三星级的小朋友帮助纠正没有得到三星的小朋友）

《祖先的摇篮》教学实录
（第一课时）

板块一　初识"摇篮"，识记生字

师：（出示课题）小朋友，今天我们一起来学习《祖先的摇篮》，请一起读课题。

生：祖先的摇篮。

师：课题里有一个生字"祖"，可以怎么记？

生："祖"的偏旁是示字旁，右边是个"且"。

师：你能给"祖"找个朋友吗？

生：（纷纷）祖国。祖父。祖宗……

师：那你们知道什么是"祖先"吗？

生：祖先应该是爷爷的爷爷的爷爷吧？

师：想法是对的，说法可以改一下。祖先啊，就是一个民族或一个家族早远的上代。那你们知道人类的祖先是谁吗？

（生摇头）

师：据科学家研究，人类的祖先是类人猿。那课题里的"摇篮"你见过吗？

生：见过，给小宝宝睡觉用的。

生：我妹妹有一个摇篮。有时候她哭了，放到摇篮里摇啊摇，她就不哭了。

师："祖先的摇篮"指的是什么呢？请小朋友自己去读一读课文，寻找答案。

（出示学习活动一要求，生根据要求自主学习）

> 学习活动一　自己学
>
> 1. 读一读，想一想：自由读课文，想一想"祖先的摇篮"是什么。
> 2. 圈一圈，记一记：圈出本课生字记一记。

师：小朋友读得差不多了。谁来说一说，祖先的摇篮是什么？

生：祖先的摇篮是大森林。

师：你从课文哪里看出来的？

生：我从诗歌的第一小节看出来的。

师：请你把第一小节读一遍。

（生读第一小节，师PPT放大呈现第一小节爷爷说的话）

> 爷爷说：
> 那原始森林
> 是我们祖先的摇篮。

师：爷爷告诉我们，祖先的摇篮就是——

生：原始森林。

师：还有从其他地方看出来的吗？

生：从诗歌最后一个小节也可以看出来。

（生读最后一小节，师PPT放大呈现最后一句话）

> 啊！
> 苍苍茫茫的原始森林，
> 我们祖先的摇篮！

师：诗歌最后一小节也告诉我们，苍苍茫茫的原始森林就是——

生：祖先的摇篮。

（在课题下板书：原始森林）

师：我们通过读课文，知道了祖先的摇篮就是原始森林。那本课要学的生字，你都圈出来了吗？说说你都圈出了哪些生字？

生：祖、掏、逗、蔷、薇、逮、忆。

师："祖"我们在读课题的时候就认识了。另外6个生字，有5个藏在这4个词组中，我们一起来读一读。

（出示词语：掏鹊蛋、逗小松鼠、采野蔷薇、逮绿蝈蝈）

师：你们掏过鹊蛋吗？

（生笑着摇头）

师：那你们掏过什么或者看见别人掏过什么？

生：我看见妈妈掏过耳朵。

师：是啊，要伸进去取出来，才叫"掏"。看老师，我的手从口袋里伸进去了，会掏出来什么呢？

（师从口袋里掏出一块巧克力）

生：哇，巧克力！

师：谁能用上"掏"说一句话。

生：老师从口袋里掏出一块巧克力。

师：老师这块巧克力等下课后和听课认真、爱动脑子的小朋友分享。请你想一想，还可以掏什么呢？

生：掏钱、掏糖果。

生：掏沙包。我的沙包有一次掉进一个洞里，我用手掏出来了。

师：现在知道"掏"为什么用"提手旁"了吧？

生：知道！"掏"要用手。

师：我们来看"逗"和"逮"，这两个字有什么相同的地方？

生：它们的偏旁相同，都是"走之"。

师：为什么它们都是"走之"呢？不急着回答。老师先请你回忆一下，你逗过什么？

生：我逗过弟弟笑。

生：我用肉骨头逗过小狗。

师：发现了吗？我们去逗人也好，去逗动物也好，都要走过去，靠近他们，那你知道"逗"为什么是"走之"了吧？

生：知道了。因为"逗"要走过去，要靠近。

师：现在，我请一个小朋友上来，我在前面跑，你来逮我。

（师生合作演示）

师：发现没有，"逮"也是要——

生：跑过去，才能抓住。所以"逮"的偏旁也是"走之"。

师："蔷薇"见过吗？

（生有的说"有"，有的说"没有"）

师：老师带来了一张蔷薇的图片，请你一边看图片一边想，"蔷薇"为什么是"草字头"？

（师展示蔷薇图片，并把一朵蔷薇花放大显示）

生：我知道了，蔷薇是一种植物，所以是"草字头"。

师：是的，有很多植物，名称里的字都是"草字头"的，我们来看几个。

（PPT出示：茉莉、葡萄、莲蓬、草莓、芍药）

师：汉字有意思吧！偏旁就在告诉我们字的意思呢！认识了生字，我们再来读一读这四个词组。

生：掏鹊蛋、逗小松鼠、采野蔷薇、逮绿蝈蝈。

师：这些都是我们祖先在原始森林里留下的美好回忆。看这个"忆"字，谁能很快记住？

生：回忆要用心，所以"忆"是竖心旁，右边是个"乙"。

生：我背过白居易的"忆江南"，"忆江南"也是这个"忆"。

师：除了上面这些，我们祖先在原始森林里，还留下了哪些美好的回忆？

生：摘野果、捉红蜻蜓、和野兔赛跑、看蘑菇打伞。

板块二　打开"回忆"，品味语言

师：这么多美好的回忆里，有些词组写得特别有意思。请看——

（PPT出示：摘野果、掏鹊蛋、逗小松鼠、采野蔷薇、捉红蜻蜓、逮绿蝈蝈）

师：这么好玩的词组怎么学呢？请看学习活动二。

（出示学习活动二要求，学生根据要求同桌两个互助学习）

学习活动二　同桌学

1. 读一读，想一想：和同桌一起读词组，想一想这些词组有什么特点。
2. 说一说，写一写：和同桌说一说你的发现，再照样子写几个词组。

师：哪一对同桌来展示一下你们的学习成果？请你们俩。

（请一对学生上台）

师：请你们先读一读，其他同学仔细听，看看他们俩是否都读对了。

（生读，都读对了）

师：请你们说说，这些词组有什么特点？如果其中一位没有说清楚，另一位可以补充。

生：这些词组的第一个字都是表示动作的，后面的词语是讲什么东西的。

生：它们都是讲做了一件什么事情。

师：你们俩的发现很了不起！这些词组的第一个字都是表示动作的。

（把第一个字变成红色）

师：来，我们把这些词组再来读一遍，注意把第一个表示动作的字强调出来，让我一听就明白了要干什么。

（生读）

师：像这样的词语还有哪些？

生：（纷纷）采蘑菇。捉甲虫。追蝴蝶。摘野花……

师：是啊，这些也可能是我们祖先生活中的美好回忆呢！下面老师要请小朋友四人小组学习，怎么学呢？看学习活动三。

（出示学习活动三要求，学生根据要求四人小组合作学习）

学习活动三　四人小组学

1. 找一找，读一读：诗歌哪几小节写了这些美好的回忆？四人一起读一读。
2. 想一想，说一说：这些美好的回忆是作者的亲身经历还是他的想象，你从哪些地方看出来的？和组内伙伴说一说。

师：哪个四人小组来汇报？请你们组。

生（组长）：我们四人先来读一读我们找到写美好回忆的小节。

（四人一起读课文第2、第3小节）

生（组长）：我们组认为，这些美好的回忆是作者想象出来的，从这些地方可以看出——2号先说。

生（2号）：我们组找到的一个地方是"我想"。这个"想"字就说明这是他的想象。

师：有道理。如果不是想象，而是真实看见，应该怎么说？

生（2号）：应该说"我看见"。

师：是的。那你们组有没有关注到，"我想"后面是个什么标点符号？

（2号茫然，其他组学生举手）

生：这个叫破折号。

师：对了，破折号表示声音的延长，听老师读。

（师示范读"我想——"，再请生读，把"想"字声音延长）

师：真好，这样读就有想的味道了。你们组继续汇报。

生（3号）：我们组还从两个问号上看出来，这应该是想象。因为不确定，所以用问号。

师：那就请你来读一读这两个问句。

（3号学生读。生读，语气较平淡）

师：这是两个问句，心里有着大大的问号，读的时候会怎么读呢？

（再请一生读，语调上扬）

师：是呀，这样把语调上扬，问的语气就明显了。我们一起来读一遍。

（生齐读）

师：我们再一起读一读第3小节的两个问句。

（全班齐读第3小节）

师：你们组还有其他发现吗？

（四人都表示没有发现了）

师：其他组还从什么地方看出这是想象？

生：我是这么想的，祖先是很早很早以前的，我们活着的人不可能看到过，没看到过，那肯定是想象的。

师：你是结合"祖先"这个词推断出来的。你很会思考！从课文的语言文字中有没有其他发现了？

生：老师，"可曾"是不是也表示不确定？

师：你关注到这个词，不简单。知道"可曾"的意思吗？

（生模糊感知，说不清楚）

师："可曾"就是"是否""是不是"的意思。我们把"是否"换进去读读看。

生：（齐读）我们的祖先，是否在这些大树上摘野果、掏雀蛋？

师：再把"是不是"换进去读读看。

生：（齐读）我们的祖先，是不是在这些大树上摘野果、掏雀蛋？

师：这么一换一读，发现没有，"可曾"也表示不确定，是作者的想象！

生：我们组还从第3小节的"吗"字，也看出这是诗人的想象。

师：真会发现！请你来读一读这两个带"吗"的问句。

（生读第3小节问句）

师：读得真好，一下子把我们带入到了那个神秘而又遥远的远古时代。我们的祖先在原始森林里做着这么多有意思的事情，留下了这么多美好的回忆。

板块三　积累词组，迁移运用

师：小朋友，这么多美好的回忆，诗人可不是随便写的哦，他是怎么写出来的呢？我们来看第2小节，说说你有什么新发现？

（生读，但是没有新发现）

师：（移动黑板上的磁卡，两个一组）读一读，你发现了什么？

生：摘野果、掏雀蛋。

生：和野兔赛跑、看蘑菇打伞。

师：（提示）摘野果、掏雀蛋是在哪些地方做的事？

生：在树上。

师：和野兔赛跑、看蘑菇打伞又是在哪些地方做的事？

生：在草地上。

师：看来，诗人在写这些词组的时候，是有想法的。请你想一想，我们的祖先除了在草地、大树做一些有趣的事，还能在哪里干什么？

生：在小溪里捉鱼。

师：在小溪里还能干什么？能不能说两个或两个以上。

生：在小溪里捕虾，在小溪里摸螺蛳。

生：在小溪里游泳，在小溪里洗澡。

师：小溪也能带给我们的祖先很多美好的回忆。还能在哪里干什么？

生：在草地上打滚，在草地上摔跤，在草地上烧烤，在草地上数星星……

师：你能学着作者的样子，选一个地点，写一组词吗？请大家完成《语文课堂作业本》第4题。

（生独立完成作业）

师：积累了词组还不够，我们要把词组用起来。请你来当当小诗人，用上刚才写的词组，学着课文的样子写一小节诗歌。

```
我想——
我们的祖先，
可曾（              ）
（              ），
（              ）？
```

板块四 关注结构，写好汉字

师：这节课，我们还要写两个表示动作的字。读——

生：摘、掏。

师：要写好这两个生字，有几个小窍门，你找到了吗？

生：这两个都是左右结构的字，要看清宽窄。这两个字都是"左窄右宽"。

生：而且左右两个部件高低齐平。

生："掏"的里面是个"缶"，要注意笔顺是撇、横、横、竖、竖折、竖。

生："摘"的里面是个"古"。

师：请小朋友看老师各写一个，一边看一边书空。

（师范写，生书空）

师：现在请小朋友自己描一个，写一个，争取要和样字写得一样好。

（生练写，师巡视，提醒写字姿势、进行个别辅导等）

师：小朋友，这节课，我们走进《祖先的摇篮》，知道"祖先的摇篮"是——

生：原始森林。

师：我们还学习了诗歌第2、第3小节，认识了生字，积累了这么多有意思的词组，还做了小诗人编了儿童诗，你们可真了不起！下节课，我们再来学习"祖先的摇篮"有什么特点，为什么诗歌第一小节和最后一小节都写到"摇篮"。

板书设计：

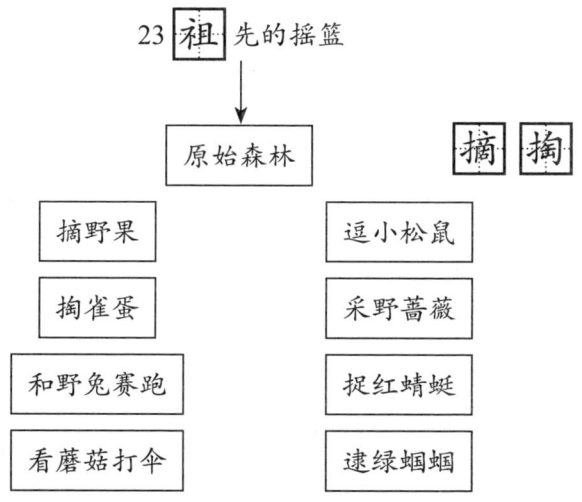

后　　记

  2016 年 9 月，教育部统编义务教育教科书小学语文一年级上册在浙江省率先投入使用，我也从杭州市长寿桥小学调任至杭州市下城区教师教育学院，担任区域小学语文教研员，负责下城区一至三年级小学语文教研工作。

  对我来说，这个全新的工作岗位是充满挑战的。一直以来，我从事的是一线小学语文教学，授课对象是小学生。而今，要去给老师上课，且这个群体中，不乏有自己教学主张、教学思想的优秀老师。当时的心情，套用一句歌词，就是"我拿什么奉献给你，我的老师"。

  好在，前期因为参与统编小学语文教科书教师教学用书的编写工作，人教社各位专家及省、市、区各级小学语文教研员的悉心指导，让我对新教材的理念有了较为深刻的理解，对教材的编写意图也有着较为全面的了解。那段时间，自己也跟着上海师范大学吴忠豪教授和师父薛法根老师研究"借助学习活动，实现课堂转型"。有了这些作基础，不安的心，略略平静。

  心静了，思考就会系统和深入。

  我从自己分管的年段学生情况、课程内容的设计、需要达成的目标等各方面进行分析，发现入学前的孩子对小学学习充满渴望和向往。但遗憾的是，往往通过一两个月的学习生活后，孩子们普遍认为小学学习太累了，没有幼儿园好玩。为什么会让孩子有这样的感知和体验？除了幼儿园和小学课程本身的教学目标和学习要求不同，课程内容和教学方法也存在较大的差异。作为一线老师，落实好课程标准的目标和要求，是我们必须做到的；但怎么落实好，是我们要重点研究的。

在这背景下，"智趣"语文也就应运而生了。我们倡导：低年级阅读教学，在课堂上发展儿童的言语智慧，要让他们觉得学习是件有趣好玩的事，在语文学习的过程中，感受语文的情趣，享受学习的乐趣。渐渐地，"智趣"语文成了杭州市下城区的低年级语文教学的追求。这一做，就是五年。

2019年，根据前期研究的一些经验以及对后期研究的设想，我进行了梳理，申报了杭州市教育科学规划课题，并成功立项。以课题研究为抓手，"智趣"语文教学之路就越走越顺畅了。期间，省教科院、省教研室、市教科院、市教研室的很多专家和学者都给予了指导和帮助，还有我们自己单位的领导和同事，也都给予了无条件的支持和帮助……我感恩并铭记。

团队里的各位小伙伴也很给力，整个研究过程，不怕苦，不怕累：有的怀孕了，还争着上课；有的身体不舒服，坚持做教学设计；还有的周末放弃休闲娱乐，参加研讨……这些看似平常小事，折射出的是团队成员对教学、对研究的热爱。在这期间，大家每年都积极发表教学设计、教学论文，他们收获着研究成果的同时，也给我很多启发和思考。这本小书的诞生，也有大家的功劳。

我更要感谢责编朱丹瑾女士和滕春友先生。朱丹瑾女士是我上一本小书《低年级语文这样教》的责编。工作严谨认真不说，只要纳入工作日程，她是不允许我拖拉的，中间想偷点懒都不行。她对我的要求是：一本不够，要写一系列！滕春友先生是浙江省教研室副主任，分管工作多，但他对小学语文的热爱一直影响着我。在"智趣"语文研究的路上，他多次亲临教学研究现场指导，并在开学初最忙的三月，拨冗给这本小书写序。师友的期待是我教学研究路上砥砺前行的动力。

当然，我还要感谢的是先生和女儿。虽然他们俩不搞教育，但他们是最忠诚的坐在路边给我鼓掌的人。我上完公开课了,他俩肯定会询问"今天上课感觉如何";我发表文章了,一家三口的微信群里,肯定会有鲜花、掌声和红包;我忙着备课、码字,他们毫无怨言地拖地、洗衣……他们满心欢喜地支持我,让我做自己喜欢的事。

  最后,感谢上海教育出版社,因大家共同的努力,这本小书才以如此美好的样貌面世。

曹爱卫

2021 年 3 月于湘湖人家

参考文献

［1］Norman E.Gronlund，Susan M.Brookhart.设计与编写教学目标［M］.北京：北京轻工业出版社，2017.

［2］凯·M.普斯顿，卡娜·L.纳尔逊.有效教学设计——帮助每个学生都获得成功［M］.北京：中国人民大学出版社，2016.

［3］温·哈伦.以大概念理念进行科学教育［M］.北京：科学普及出版社，2016.

［4］钟启泉.《课堂转型》［M］.上海：华东师范大学出版社，2018.

［5］詹姆斯·M.朗.如何设计教学细节［M］.北京：中国青年出版社，2018.

［6］玛丽·凯·里琪.可见的学习与思维教学［M］.北京：北京青年出版社，2018.

［7］拉尔夫·泰勒.课程与教学的基本原理［M］.北京：中国轻工业出版社，2018.

［8］李海林.言语教学论［M］.上海：上海教育出版社，2000.

［9］胡小勇.问题化教学设计——信息技术促进教学变革［M］.北京：教育科学出版社，2006.

［10］许先文.语言具身认知研究［M］.北京：人民出版社，2014.

［11］谢锡金，林伟业.提升儿童阅读能力到世界前列［M］.北京：北京师范大学出版社，2016.

［12］吴忠豪.小学语文课程与教学［M］.北京：中国人民大学出版社，2010.

［13］R.M.加涅.教学设计原理［M］.上海：华东师范大学出版社，2014.

［14］薛法根.为言语智能而教——薛法根与语文组块教学［M］.北京：教育科学出版社，2014.

［15］赵镜中.提升阅读力的教与学［M］.台北：万卷楼图书股份有限公司，2011.

［16］郑圆铃，许芳菊.有效教学［M］.台北：天下杂志股份有限公司，2013.

［17］干国祥.理想课堂的三重境界［M］.北京：文化艺术出版社，2011.

［18］瑞琦·路德曼.飞向阅读的王国［M］.台北：阿布拉教育文化有限公司，2012.

［19］赵镜中，范姜翠玉.教室中多面向的阅读教学［M］.台北：台湾小学语文教育学会，2012.

［20］孙绍振.批判与探寻：文本中心的突围和建构［M］.济南：山东教育出版社，2012.

［21］林美琴.教出国中生的阅读力［M］.台北：天卫文化图书股份有限公司，2011.

［22］吴忠豪.从教课文到教语文［M］.北京：高等教育出版社，2012.

［23］Marylou Dantonio，Paul C.Beisenherz.教师怎样提问才有效［M］.北京：中国轻工出版社，2017：32.

［24］麦克·格尔森.从备课开始的50个创意教学法［M］.北京：中国青年出版社，2017.

［25］王荣生.语文课程与教学内容［M］.北京：教育科学出版社，2015.

［26］约翰·杜威.我们如何思维第二版［M］.北京：新华出版社，2015.

［27］张传宗.构建以语言教学为核心的语文教学体系［J］.课程·教材·教法，2011（3）.

［28］教育部基础教育课程教材专家工作委员会组织编写.义务教育语文课程标准（2011年版）解读［M］.北京：高等教育出版社，2012.

［29］浙江省教育厅.小学语文教学建议30条（试行）［S］.2010.

［30］姜宇.基于核心素养的教育改革实践途径与策略［J］中国教育学刊，2016（6）.

［31］王宁.核心素养与语文课程［J］.人大复印报刊资料.2017（1）.

［32］朱自强.小学语文教材：记忆字词，还是建构意义［J］.小学语文教与学，2017（11）：29-31.

图书在版编目（CIP）数据

低年级阅读这样教 / 曹爱卫著. — 上海:上海教育出版社,2021.5（2022.6重印）
ISBN 978-7-5720-0768-2

Ⅰ.①低… Ⅱ.①曹… Ⅲ.①阅读课 – 小学 – 教学参考资料
Ⅳ.①G623.233

中国版本图书馆CIP数据核字(2021)第076122号

责任编辑　朱丹瑾
封面设计　金一哲

低年级阅读这样教
曹爱卫　著

出版发行	上海教育出版社有限公司
官　　网	www.seph.com.cn
地　　址	上海市闵行区号景路159弄C座
邮　　编	201101
印　　刷	上海展强印刷有限公司
开　　本	700×1000　1/16　印张 14.5
字　　数	236 千字
版　　次	2021年5月第1版
印　　次	2022年6月第2次印刷
书　　号	ISBN 978-7-5720-0768-2/G·0586
定　　价	49.00 元

如发现质量问题，读者可向本社调换　　电话：021-64373213